我が子のいじめに親としてどうかかわるか

親子で考える「共に生きる意味」

著 阿形 恒秀 Tsunehide Agata

はじめに

　2011（平成23）年の大津市の男子中学生のいじめ自殺事件が契機となり、いじめ問題は大きな社会問題となりました。そして、2013（平成25）年に「いじめ防止対策推進法」が公布され、いじめの防止に取り組む国・地方公共団体・学校・地域住民・保護者の責務が示されました。

　社会総がかりで問題の解決に取り組む機運が高まったという点では、いじめの社会問題化は大きな意義がありました。しかし一方で、問題が学校の管理責任の問題に矮小化され、学校の「監視の在り方や抑止の指導」に焦点が絞られ、子どもたちの「集団育成や成長支援」に学校・家庭・地域がどう取り組むかという本質的問題がややもすれば置き去りになってはいないでしょうか。また、いじめに関する報道が増え、生々しいいじめの実態や自殺に追い込まれた子どもたちの叫びを見聞きする中で、我が子が「学校でいじめられていないだろうか」「誰かをいじめていないだろうか」という保護者の方々の不安は募るばかりではないでしょうか。

　私が本書の執筆を引き受けた際に最初に考えたのは、いじめという対人関係における闇の問題を「不安・管理・追及」の文脈で語るだけではなく、闇を見据える中から光を見出す「信頼・育成・協力」の文脈で語りたいということでした。本書の副題の『親子で考える「共に生きる意味」』には、そんな願いを込めています。

　いじめはもちろん、「あってもしかたがない」わけではありません。けれども、子どもたちは、理想として想定される世界を生きているのではなく、「弱くて強く、冷たくて温かい他者

と共に生活を送る中で、不安と希望の間で揺れながら、人間関係の意味を考えていく」という現実の世界を生きているのです。そしてそれは、実は私たち大人も同じであるはずです。そういう意味では、今も昔も、子どもにとっても大人にとっても、人間関係をどう結ぶかということは、とても大切であるとともにとても難しい課題です。ですから、「あってはならないなどと言ってもしかたがない」と私は思っています。社会問題化が引き起こす「建前論」を超えていく大人の知恵を、皆さんと一緒に見出していくうえで、本書が何らかの道しるべになれば幸いです。

2018 年 9 月

阿形　恒秀

目 次

第1章　子どもといじめ
1　いじめのかたち …………………………… 8
2　いじめと仲間関係 ………………………… 14
3　いじめの心理 ……………………………… 26

第2章　親といじめ
1　いじめと子育て …………………………… 56
2　いじめと自立 ……………………………… 94
3　いじめとネット文化 ………………………106

第3章　社会といじめ
1　いじめの社会問題化 ………………………120
2　いじめの定義 ………………………………125
3　いじめ対策といじめ教育 …………………135
4　いじめと責任 ………………………………141
5　いじめと共生 ………………………………152

本文中の人物名の後の（西暦年）は、引用したその方の著作物の発行
年を表わします。
巻末に、参考・引用文献一覧を掲載しています。

第1章 子どもといじめ

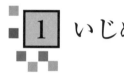

1 いじめのかたち

(1) いじめとはどんな行為か

「いじめ」という問題を考えるにあたって、まずは保護者の皆さんと、いじめとは具体的にはどんな行為なのかを共有しておきたいと思います。

文部科学省が毎年、全国の小・中・高・特別支援学校等を対象に実施している「児童生徒の問題行動・不登校等生徒指導上の諸課題に関する調査」(以下、問題行動調査と表記します) という調査があります。調査事項は、暴力行為・不登校・自殺などで、1985 (昭和60) 年度に関する調査から、いじめも調査事項に加わりました。その中に、以下の9区分の「いじめの態様」(いじめの具体的なかたち) に関する調査項目があります。

① 冷やかしやからかい、悪口や脅し文句、嫌なことを言われる。
② 仲間はずれ、集団による無視をされる。
③ 軽くぶつかられたり、遊ぶふりをして叩かれたり、蹴られたりする。
④ ひどくぶつかられたり、叩かれたり、蹴られたりする。
⑤ 金品をたかられる。
⑥ 金品を隠されたり、盗まれたり、壊されたり、捨てられたりする。

⑦ 嫌なことや恥ずかしいこと、危険なことをされたり、させられたりする。

⑧ パソコンや携帯電話等で、ひぼう・中傷や嫌なことをされる。

⑨ その他

　簡潔に言えば、①は「言葉による攻撃」、②は「仲間はずし」、③は「暴力」、④は「激しい暴力」、⑤は「金品強要」、⑥は「金品の隠匿・損壊」、⑦は「嫌がらせ・辱め」、⑧は「ネット上での攻撃」です。

　国立教育政策研究所が 2013 年に作成した『生徒指導リーフ 10 いじめと暴力』では、いじめを「暴力」「暴力を伴ういじめ」「暴力を伴わないいじめ」に分類しています。暴力とは、暴行罪・傷害罪・強要罪・恐喝罪・器物損壊罪など法律によって禁じられている行為を指します。そして、それぞれの特徴について、

　暴力 → 気づきやすく、見つけやすい

　暴力を伴ういじめ → 気づきつつ、見逃しやすい

　暴力を伴わないいじめ → 気づかずに、見過ごしやすい

と指摘しています。要は、いじめとは「殴る蹴る」「お金をゆする」等の暴力だけではないということ、②⑦⑧などのいじめは特に気づきにくいものであるということです。

（2）いじめ加害の具体例

　これらのいじめの態様について、さらに、生々しい具体例を見ていきたいと思います。

第1章　子どもといじめ

【①言葉による攻撃の具体例】
 ＊うざい、きもい、臭い、目障り、死ねなどの言葉を浴びせる。
 ＊ブタ、ブス、バイキン、ウジ虫、放射能などのあだ名で呼ぶ。

【②仲間はずしの具体例】
 ＊挨拶をしても返事をしない、話しかけられても目をそらす。
 ＊「接触したらうつる」とわざとらしく近寄らないようにする。

【③暴力、④激しい暴力の具体例】
 ＊椅子に画びょうを置く、コンパスの針で太ももを刺す。
 ＊足を縛り粘着テープをすねに貼り何度もはがす。
 ＊プロレスごっこと称して一方的に技をかけ痛めつける。
 ＊エアガンやモデルガンの標的にして撃つ。
 ＊トイレに閉じ込める、トイレの水を飲ませる。
 ＊体育館のマットでぐるぐる巻きにし逆さにして放置する。
 ＊砂場に穴を掘って首だけ出して全身を埋める。
 ＊ライターの火・タバコ・熱した鉄パイプなどを押しつける。

【⑤金品強要、⑥金品の隠匿・損壊の具体例】
 ＊自宅から多額のお金を何度も持ち出させ貢がせる。
 ＊商売をしている自宅のお店から商品を持ってこさせる。
 ＊教科書・ノート・描いた絵などに落書きする、破く。
 ＊カバン・筆箱などを隠す、ごみ箱・トイレなどに捨てる。
 ＊自転車のネジを緩める、前カゴや泥除けなどを壊す。

【⑦嫌がらせ・辱めの具体例】
 ＊登下校時にいじめグループ全員のカバンを持たせる。
 ＊フェルトペンやマーカーペンで顔に落書きをする。
 ＊制服を脱がせ踏みつけ泥だらけにする、ボタンをちぎる。
 ＊弁当の蓋を開けた瞬間に砂をかけ食べられないようにする。
 ＊ジャンケンに負けた罰ゲームで口に虫の死骸を押し込む。
 ＊児童生徒が見ている中でズボンを下げる、服を脱がせる。
 ＊男子生徒を女子トイレに入らせる。
 ＊部活動でボール拾いばかりさせる、ボールを強く投げる。
 ＊テストの回収時にほとんど白紙の解答用紙をみんなに見せる。

【⑧ネット上での攻撃の具体例】

＊コミュニケーションアプリのグループからはずす。

＊ネット上に悪口や裸の写真などを載せ、誹謗・中傷する。

＊ネット上に他者の電話番号や写真などの個人情報を載せる。

＊特定の子どもになりすましてネット上で活動を行う。

【⑨その他の具体例】

＊ジュースやお菓子を買いに行かせる（パシリ、使い走り）。

＊万引きを強要し盗品を差し出させる。

＊授業中に手をあげて発言することをしないように命じる。

＊机に花、お菓子などを並べて「葬式ごっこ」をする。

＊屋上に連れていき「自殺の練習」を強要する。

＊「福島へ帰れ」「放射能がつく」などと避難児童を責める。

　気づかれた方もいらっしゃるでしょうが、ここにあげた具体例のいくつかは、いじめが大きな社会問題となる契機となったいじめによる自殺事案における実際のいじめ加害の内容です。また、いくつかは、17人のお笑い芸人さんが自身の中学生時代のことを語った、吉本興行・新潮社（2012）『みんな十四歳だった！』という本から引用したものです。17人の中には、ひどいいじめにあった経験を書いている芸人さんも何人かいます。「砂場に埋められた」というのは 森三中の大島美幸さん、「熱した鉄パイプを押しつけられた」のは楽しんごさんで、今でも胸に「奴隷の烙印だ」と押しつけられた火傷の跡が残っているそうです。テストの回収係に「ほとんど白紙の解答用紙をみんなに見せびらかされた」のは渡辺直美さん、「弁当の蓋を開けた瞬間に砂をかけられた」のはなだぎ武さんです。

　もうひとつ、具体例をあげます。図1には、ア行・ハ行の片仮名とな行の平仮名が段違いに書かれ、数本の線が引かれています。実はこれは、2011年の滋賀県大津市の中学校男子生徒自

殺事案の調査にあたった「大津市立中学校におけるいじめに関する第三者調査委員会」の調査報告書に示されているものです。被害生徒の2学期の中間テストの勉強計画表の表紙に書かれた暗号のようなこの落書き、何と読むかおわかりでしょうか。「タ」「ヒ」「ね」の部分と「タ」「ヒ」の上の横線だけを見れば、心ない言葉が浮かびあがりま

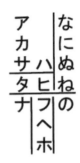

図1　嫌がらせの落書き

すね。「そこまでするか」と思います。「世界一悲しいパズル」だと思います。亡くなった男子生徒が「解読」できたのかどうかさえ、今となってはわかりませんが…。

（3）大人も自分の問題として

　このようないじめの具体例を調べて書き出していると、正直なところ、気分が滅入ってきます。でも、いじめによる被害者の苦悩を私たち大人もしっかりと胸に刻むために、これらのいじめを受けた被害者の気持ちを想像しながら、いじめの現実を直視していきたいと思います。また、いじめ加害は特定の粗暴な子どもだけの問題ではなく、どの子どもにも起こりうるものです。考えてみれば、私たち大人だって、「自分は今まで一度も人を遠ざけたりからかったりいじめたりしたことはない」と言い切れる者は少ないのではないかと思います（私自身もいじめ加害の経験はあります）。そうであるなら、私たち大人が本気で「いじめを自分の問題として考える」ためには、いじめを「未熟な子どもの問題」として片づけるのではなく、私たち大

人も持っているかもしれない「人間としての弱さ」「人の心の闇」の問題として考えることが大切ではないかと私は思います。

アンパンマンは、弱っている人を助けるときには、自分の顔の一部を与えますね。作者のやなせたかしさん（2013）は、「本当の正義というものは、けっしてかっこいいものではないし、そしてそのためにかならず自分も深く傷つくものです。」と語っています。私たち大人も、自分は何も苦悩することなしにいじめに苦しんでいる子どもたちや他者との関係に悩んでいる子どもたちを助けようというのは、ムシが良すぎるように思います。

小説家の重松清さん（2005）は、「いじめは、現実に"ある"のだ。それはもう否定しようのないことなのだから、"あってはならない"などという建前は、もうやめにしていただけないか。」「"ある"ものは"ある"、"わからない"ものは"わからない"と認めることから、すべてが始まるのだ。その先にあるものが、希望か絶望かにかかわらず。」と述べています。実感・本気・覚悟に裏づけられた重松さんの言葉に、何だか勇気づけられる気がします。本書を通じて、皆さんと一緒に、つらい作業であるかもしれないけれども、「あってはならない」ではなく「あったこと」「あること」の意味を考え、闇を闇として見据える中で一筋の光を見出していきたい、それが私の願いです。

2 いじめと仲間関係

(1) いじめはどうして子どもを追い込むのか

　いじめられると、どうしてつらいのでしょうか。「そんなことは考えるまでもなく当たり前じゃないか」と思われる方もいらっしゃるかもしれません。確かに、「叩かれたら痛い」「持ち物を壊されたら悲しい」ということは誰でも簡単に想像できることですね。けれども、いじめ被害のつらさは、暴力・少年犯罪（もちろんこれらも看過できない問題ではありますが）の被害のつらさだけではない、特有の意味があるのではないでしょうか。だから、場合によればいじめは被害者を自殺に追い込むのではないでしょうか。ですから、「当たり前のこと」と素通りするのではなく、「いじめが被害者の子どもに深刻な精神的苦痛を与えるのはなぜか」を改めて考えてみることは、いじめ問題の本質を理解するうえでとても大切なことだと思います。

　その際に、キーワードになるのは、「仲間」ではないかと私は考えています。

(2) 依存と自立

　子どもたちにとっての「仲間」の意味を考える前提として、「依存と自立」という問題を考えてみたいと思います。

　胎児は、母胎の中で、へその緒で母親とつながり、呼吸も排

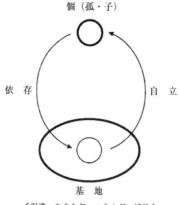

図2　依存と自立のサイクル

山下一夫（1999）より

泄も必要なく、「大地なる母親」と一体となり、苦しむことも悩むこともなく過ごします。また、人は息を引き取ると、埋葬され、「母なる大地」と一体となり、苦しむことも悩むこともなく眠りにつきます。そう考えると、人の命、寿命とは、「一体でない時間を過ごすこと」だと言えるかもしれません。けれども、人はみんな弱い存在なので、本当に一人っきりでは生きてはいけません。だから人は、だれかとの一体感を必要とするのではないでしょうか。

依存と自立は、一見すると反対の意味の言葉のように思われますが、私が勤める鳴門教育大学の学長である山下一夫先生（1999）は、図2のように、人が自立していくためには、安心して依存できる基地を必要とするものであり、人は依存と自立を繰り返しながら成長していくと述べています。

安心基地というのは、車にたとえるならガソリンスタンドですね。ガソリンスタンドでは、少なくなったガソリンを補給し、タイヤの空気が減っていたら補充し、ゴミが溜まっていたら捨てるように、安心基地とは、「エネルギーを補給しメンテナンスによって調子を整える」場所です。

　哲学者の鷲田清一さん（2010）は、現代社会はひとの存在価値を業績で測り、能力と資格、効率と成績を問題にするため、「ただいるだけ」ということが肯定されにくい社会であると指摘しています。また、きたやまおさむさん（2016）＜フォークシンガーでもあり精神医学者でもある北山修さん＞は、「人には、心がほっとして、安心できるような『楽屋』が必要です。表の役割を演じている自分が、裏の本来の自分に戻り泣きわめく場所です。ところが、現代人には『楽屋』がなくなりつつあります。」と述べています。私たち大人もそうであるように、「生き抜く力」は、「息抜く力」に裏打ちされてこそしなやかさを増すものだと私は思っています。「ただいるだけ」が許される、「楽屋」のような、「息抜く」ための安心基地（依存の場）を持てないと、人は、不安・恐怖・孤独・絶望にさいなまれ、頑張ることができない（自立できない）ということを、いじめ問題を考える際にも頭の片隅に置いておいてください。

（3）乳児期・幼児期の安心基地

　私は、小学校で児童に話をさせていただくときには、「依存と自立のサイクル」という表現は難しいので、「人は『だれかとあんしん』と『ひとりでがんばる』を繰り返しながら生きていく」と話すようにしています。それでは、『だれかとあんしん』

の「だれか」とは誰なのでしょうか。

　結論から言いますと、幼い子どもにとって、『だれかとあんしん』の「だれか」は「お母さん的存在」だと思います。

　筒井頼子さん・林明子さん（1977）の絵本『はじめてのおつかい』は、はじめて一人でおつかいに出かける5歳の女の子みいちゃんの物語です。絵本の裏表紙には、お使いの途中でころんだみいちゃんのひざに絆創膏を貼り、赤ちゃんにミルクを飲ませるお母さんが描かれています。お母さん的存在とは、「子どもを癒し、育む存在」であることを象徴しています。また、表表紙には満面の笑みを浮かべたみいちゃんが描かれています。これは、何とか無事におつかいを終え、家の近くまで来たときに、坂の下で赤ちゃんを抱っこして手を振っているお母さんの姿を見つけて、小走りに駆け出すみいちゃんの顔です。待ってくれている（依存できる）お母さんがいるからこそ一人でおつかいに行ける（自立できる）ということですね。

　ＮＨＫの「おかあさんといっしょ」は1959年に放送が始まった長寿番組で、私も小さいときによく見ていましたが、ちょっと考えてみると、画面には子どもたちと歌のお兄さん・お姉さんやキャラクターなどは登場しますが、「おかあさん」は登場しません。また、私も父親として子育てにかかわったという自負はあるので、「どうしておかあさんだけ？」という気持ちもないわけではありませんでした。そこで私は数年前、ＮＨＫに、番組名の由来について問い合わせてみました。すると、以下のような丁寧な回答をいただきました。

　　「このタイトルがついた理由は『テレビに子守させるのではなく、子どもとともにおかあさんや家族も見てほしい、そして子どもたちとの遊びや生活を楽しくするきっかけにして

ほしい』ということからでした。『お母さん』というのは子どもを守り、育ててくれる周囲の大人全体を象徴する意味でタイトルにつけられました。もちろん当時でもおばあちゃん、おじいちゃんなどお母さん以外の人と一緒に見ていた子どももいたと思いますが、『子どもと周囲の大人のコミュニケーションを豊かにする』という趣旨を最も簡潔に表すものとして名づけました。」

　私が「お母さん的存在」と書いたのも同じ理由で、お母さんだけを指すのではなく、お父さん・おじいさん・おばあさん・施設のスタッフの方…、誰であってもいいですが母親的な役割を果たす大人という意味です。実の母親の役割はとても大きいですが、たとえ何らかの事情で母親が不在であっても、あるいはお母さん的な存在に依存する経験が十分にはできなくても、だからと言って必ずしも子どもが健やかに成長できないわけではありませんものね。

　私がいちばん好きな絵本は『100万回生きたねこ』ですが、最近、作者の佐野洋子さん（2008）がご自身の母子関係を書いた『シズコさん』を読みました。驚きました。心が揺さぶられ、「他者とともに生きること」「他者を愛すること」の意味を考えさせてくれる『100万回生きたねこ』を作った佐野さんが、「母を好きになったことは一度もない」と書いておられたからです。「4歳位の時、手をつなごうと思って母さんの手に入れた瞬間、チッと舌打ちしてわたしの手をふりはらった。わたしは、その時、2度と手をつながないと決意した。」

　佐野さんのお母さんのシズコさんは、見栄っ張りで、強気で、派手、決して「ごめんなさい」と「ありがとう」を言いませんでした。そんなお母さんに佐野さんはことあるごとに反抗し、

お母さんは佐野さんに次々と用事を言いつけたり暴力をふるったりしたそうです。それでも、いや、だからこそ、佐野さんは大人になって、あんな素敵な絵本を作ることができたのではないかとも思います。なお、佐野さんとシズコさんの名誉のために付け加えておきますが、お二人は、50年以上の年月を経て、ゆるしあえる日を迎えることになります。認知症が進み施設に入ったお母さんを世話する佐野さん、ある日、ベッドに横たわるシズコさんに、佐野さんは子守唄を歌います。「坊やはいい子だ、ねんねしなー。それから何だっけ。坊やのお守りはどこへ行った？」、するとシズコさんが「あの山越えて、里越えて」と歌いながら、佐野さんの白い髪の頭をなでます。佐野さんはどっと涙が湧きだし、思ってもいなかった言葉を口にします。

「ごめんね、母さん、ごめんね」

号泣する佐野さんに、シズコさんは声をかけます。

「私のほうこそごめんなさい。あんたが悪いんじゃないのよ」

佐野さんは、「何十年も私の中でこりかたまっていた嫌悪感が、氷山にお湯をぶっかけた様にとけていった。」「母さんは、一生分のありがとうとごめんなさいを、呆けて全部バケツをぶちまける様にいま空にしたのだろうか。」と書いています。シズコさん80歳、佐野さん60歳の、ある日の出来事でした。『100万回生きたねこ』とはまた違う意味で、『シズコさん』は、人を愛することの難しさ、不思議さ、大切さを考えさせてくれます。

最近は、どの小学校にも虐待を受けた児童がいる可能性が高いです。ですので、一昔前のように、「お母さんと一緒にいて安心する経験がその後の成長にとって重要な意味を持つ」と伝えるだけでは、被虐待児やお母さんに十分に依存できない児童

を混乱させかねません。だから私は必ず、「お母さん」ではなく「お母さん的存在」と表現するようにし、さらに、「もしもお母さん的存在と一緒にいて安心することがあまりできなかったとしても、心配することはないですよ。なぜならば、人は、子どもからお兄さん・お姉さん、大人になっていくと、お母さん的存在ではない別の『だれかとあんしん』を見つけ出すことができるからです。」と説明し、「児童期・青年期の依存と自立」「壮年期・老年期の依存と自立」の話につなげていくようにしています。

　話を元に戻しますが、ここで押さえておきたいのは、乳幼児にとってお母さん的存在は安心基地としてとても重要な意味を持っているということです。デパートなどで迷子になった幼い子どもは、まるでこの世の終わりのように泣きじゃくります。乳幼児にとって、お母さん的存在の安心基地を失うことが、どれほどの不安・恐怖・孤独・絶望を感じるものであるのかは容易に想像できると思います。

（4）壮年期・老年期の安心基地

　次に、若い時代は後にまわして、大人にとっての『だれかとあんしん』の「だれか」とは誰なのかを考えてみたいと思います。結論から言いますと、大人にとっての、『だれかとあんしん』の「だれか」は「神さま」だと私は思っています。

　いくつになっても、親の存在、お母さん的存在は大切なものです。けれども、私たち大人は、幼いときのように、親がそばに居てくれないと何もできないわけではなく、親とはぐれたからといって泣いたりもしません。

四国には弘法大師（空海）にゆかりのある 88 のお寺を巡る遍路の文化がありますが、お遍路さん（巡礼者）の遍路グッズに「同行二人（どうぎょうににん）」という言葉が書かれていることがあります。この二人とは「私とお大師さま」「巡礼者と弘法大師」を意味します。遍路道では、高齢のお遍路さんが一人で歩き遍路をしている姿を見かけることがあります。外から見ると自立の姿ですが、内面に目を向けるとお大師様に依存する姿ですね。

　このことから、壮年期・老年期における安心基地は、宗教性を帯びてくると考えられます。「宗教」といっても、特定の宗教・宗派を指すのではなく、場合によれば、お天道様（太陽）や山や海であることもあるでしょう。要は、広い意味での「神さま」「宗教的な見守り、救い」を感じるということです。逆に言えば、壮年期・老年期に「神さま」という安心基地を見出せないと、高齢者の自殺に象徴されるような深い不安・恐怖・孤独・絶望を感じることもあるのではないでしょうか。

（5）児童期・青年期の安心基地

　さて、話は核心に近づいてきました。最後に、小学校（特に高学年くらいから）・中学校・高校時代や若い時代において、『だれかとあんしん』の「だれか」とは誰なのかを考えてみたいと思います。結論から言いますと、もうおわかりかもしれませんが、児童期・青年期の『だれかとあんしん』の「だれか」として重要な意味を持つのは「仲間」だと私は思っています。

　心理学では、子どもが大人になっていく過程において、同世代の仲間関係が大きな意味を持つと言われています。主に小学

校時代（特に高学年）においては、ギャング（gang）グループと呼ばれる仲間関係が形成されます。同性の児童が強い結びつきによる集団を作って、一緒に行動し一体感を得ます。映画「スタンド・バイ・ミー」の4人の12歳の男の子たちのグループもギャンググループですね。彼らの「木の上の秘密小屋」は、他の子どもや大人が入ることのできない、4人だけの基地です。ギャンググループの「秘密」の活動は非行につながる（だから「ギャング」と称されるわけですね）こともあるので、大人（親・教師）には望ましくないように映ります。しかし、一方で、臨床心理学者の河合隼雄先生（1987）は、「秘密」を持つということは「私だけが知っているということ」「『私』という存在の独自性を証明すること」であり、「秘密ということが、アイデンティティの確立に深くかかわってくる」と述べています。ギャンググループの形成は「大人になるということ」にもつながっているという指摘ですね。雑誌「Myojo」の2012年12月号の企画「今、いじめられているキミ　いじめているキミ　そして…見ているだけのキミへ」の中で、嵐の相葉雅紀さんが「子どもには子どもの世界があって、大人が入れる場所じゃないからね。」と述べていますが、言いえて妙だと思います。

　次に、主に中学校時代においては、チャム（chum）グループと呼ばれる仲間関係が形成されます。「部活動が一緒」「同じ趣味を持っている」などによる結びつきで、お互いの共通点を確認し合い一体感を感じます。チャムグループも自分たちだけの濃密な仲間関係なので、排他的な集団でもあります。なので、場合によればグループのメンバー以外の生徒に対する悪口を共有することも生じます。中学校の先生は、たとえば修学旅行の宿泊時の部屋割りがすんなりと決まらず苦労された経験のある

方も少なくないと思います。大人からすれば、「誰だっていい
じゃない…」「誰とでも仲良く…」と言いたくなりますが、生
徒にとっては、自分たちのグループが分けられる、あるいは自
分たちのグループに他者が入ることは受け入れがたいことであ
るのかもしれません。

　次に、主に高校時代においては、ピア（peer）グループと呼
ばれる仲間関係が形成されます。チャムグループが共通点に基
づく結びつきであるのに対し、ピアグループは、共通点だけで
はなくお互いの違いを認め合い尊重し合う関係による結びつき
で、ある程度自立した個人として共に過ごす中で一体感を感じ
ます。

　私は『青春デンデケデケデケ』という映画が大好きで、「仲
間関係を拠り所にして大人になっていく」ことの意味を考えて
欲しいと願い、高校の授業で教材に使ったことがあります。原
作は芦原すなおさん（1991）が直木賞を受賞した同名の小説で、
1992年に大林宣彦監督により映画化されました。

　映画の舞台は1960年代の香川県観音寺市の高校。主人公の
藤原竹良くん（たけよし、愛称ちっくん）が、ベンチャーズの『パ
イプライン』に衝撃を受け、魚屋の白井くん、お寺の合田くん、
かまぼこ屋の岡下くんを誘ってロックバンド「ロッキングホー
スメン」を結成する物語です。1960年代はエレキギターやドラ
ムなどは簡単には手に入らない高価なものでしたが、ちっくん
たちは、夏休みのアルバイトで必死にお金を稼いで楽器を手に
入れ、スタジオなどどこにもない中で練習場所の確保にも苦労
しながら、3年生の最後の文化祭のコンサートを成功させます。
文化祭の後、メンバーはそれぞれの進路に向かって準備を始め
ます。しかし、東京の大学への進学志望のちっくんは、「何か

むなしい…」となかなか気持ちを切り替えることができません。いよいよ、受験のために上京するという日の前日の早朝、ちっくんは、新しく買ってもらった真っ白なコートを着て、家族に黙って家を出ます。そして、「いつも集まった軽音楽部の部室」「文化祭で喝采を受けた体育館」「合宿した祖谷渓」などを巡り歩きます。カギのかかった部室の扉の前で「すでにカギは下級生に譲った。したがって、ぼくは入れない。」とちっくんがつぶやくところなどは、高校で仲間と過ごしたかけがえのない時間が終焉を迎えることを象徴する切ないシーンです。ちっくんの「白いコート」は、お遍路さんが着る白衣の笈摺（おいずる）を連想させます。ちっくんには、「ロッキングホースメン」との別れを心に刻むために、バンドゆかりの地を巡礼する必要があったのでしょう。そして、夕方に家に戻ると、心配したバンド仲間が、「いつ戻るかもしれんのに、戻らんかもしれんのに…」待ってくれています。そして、バンド仲間から、思わぬ「贈り物」を受け取ります（この名場面は、是非一度、小説か映画をご覧ください）。こうして、ちっくんは翌日、東京行の列車に乗り、大好きだった歌たちに「どうぞ自分を見守っていてください」と祈りながら、旅立っていきます。

　祖谷渓の河原での合宿の場面で、夜になり、テントの中でやることがなくなったちっくんたちが「くすぐりっこ」をしてじゃれ合う場面があります。たわいもないことをしているだけだけれども、お互いがお互いの安心基地となり、一緒にいて心が安らぐ、仲間との大切な時間ですね。そして、そんな仲間がいたからこそ、「ロッキングホースメン」のメンバーは、「ロックへの親の無理解」「メンバーの初恋と失恋」「顧問の先生との死別」などの危機を乗り越えていけたのだと思います。

宮崎アニメの代表作のひとつ『魔女の宅急便』も、「自立」と「仲間」をテーマにした物語です。魔女の血を引く主人公キキは、13歳の誕生日を迎え、「魔女の掟」に従って両親と別れ生まれ育った家を出て、一人で生きていこうと懸命に頑張ります。キキは、新しい町でさまざまな体験をしながら、「意味ある他者との出会い」を通じて、自分らしさを確かなものとしていきます。特に、同世代の友人としてのキーパーソンは、空を飛ぶことに憧れている男の子トンボであり、森にすむ画学生のウルスラですね。物語の展開の中で、キキは「飛べなくなる」という最大のピンチに直面します。それを乗り越えていったときも、トンボやウルスラの存在が大きな意味を持っていました。

以上のように、児童期・青年期の子どもの『ひとりでがんばる』を支える『だれかとあんしん』の「だれか」が「仲間」だとすれば、いじめによってクラスなどの集団から一人だけ仲間はずれにされることは、依存できる安心基地を喪失することであり、乳児期・幼児期の子どもが「お母さん的な存在」を見失うこと、老年期の大人が「神さま」をイメージできないことと同じ状況だと言えます。つまり、児童期・青年期におけるいじめによる精神的ダメージは、街中で迷子になった子どもがこの世の終わりとばかりに泣き叫ぶ不安・恐怖・孤独・絶望、寄る辺を失い生きていく意味を見出せない高齢者の不安・恐怖・孤独・絶望と同質のものだということです。だからこそ、場合によれば自ら命を絶とうとするまで苦悩するのだと思います。したがって、いじめ問題を理解するうえでは、児童期・青年期におけるいじめを単なる友人関係のトラブルとして過小評価しないことが大切なのです。

第1章 子どもといじめ

いじめの心理

(1) いじめの4層構造

社会学者の森田洋司先生（1986）は、いじめ集団の構造について、図3のような被害者・加害者・観衆・傍観者の4層構造を示しています。観衆というのは、いじめに直接に加わることはしないけれどもいじめを見て「笑ったりはやしたてたりする存在」です。傍観者というのは、いじめを見ても止めようとしない「見て見ぬふりをする存在」です。そこで、次に、この4層構造モデルのそれぞれの立場ごとに、児童期・青年期における安心基地が仲間関係であるという観点から、いじめに関係する子どもたちがどのような心理状態に置かれるのかを考えてみたいと思います。

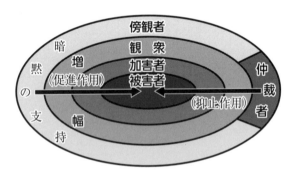

図3 いじめの4層構造

森田洋司（1986）より

（2）いじめの被害者の心理

　先に述べたように、児童期・青年期の『だれかとあんしん』の「だれか」として重要な意味を持つのは「仲間」であり、いじめによって仲間はずれにされることは深刻な不安・孤独・苦悩・絶望の体験となります。したがって、文部科学省（2013）が『いじめの防止等のための基本的な方針』で示しているように、いじめは「いじめられた児童生徒の心身に深刻な影響を及ぼす許されない行為」であり、「いじめは絶対に許されない」と捉える姿勢が重要です。

　いじめが社会問題化し、具体的な事案がマスコミに取り上げられる中で、激しい暴行・辱め・多額の金品要求などの衝撃的な残虐さに焦点を合わせて報道される傾向がありました。もちろん、これらのいじめも被害者を苦しめるものではあります。しかし、エスカレートしたいじめの態様の残虐性ばかりに目を奪われると、悪口・無視・仲間はずし、あるいは近年問題となっているネットいじめなど、表面的には残虐というイメージでは捉えられない行為もまた、児童期・青年期の安心基地の破壊という意味において、残虐な暴行などと同様に、あるいは場合によってはそれ以上に児童生徒に計り知れない精神的ダメージを与えるということを過小評価してしまう危険性があります。問題の本質はいじめの態様の残虐さの度合いにあるのではなく、いじめが子どもの安心基地を破壊する点にあることを忘れてはならないと私は考えています。

　重松清さん（2007）の小説に、中学校におけるいじめ問題をテーマにした『青い鳥』という小説があります。2008 年には阿部寛さんの主演で映画化されました。

第1章 子どもといじめ

　東ヶ丘中学校は、いじめられていた2年1組の「野口くん」が2学期に起こした自殺未遂事件で、大きく揺れていました。野口くんの家はコンビニを経営しており、彼は級友たちに「コンビニくん」というあだ名をつけられ、何人もの生徒から店の品を要求されては彼らにタダで渡していました。そんな行為に耐えきれず自らの命を絶とうとした彼の遺書には、「僕を殺した犯人です」と3人の名前が残されていましたが、その名が明らかにされることはありませんでした。

　2年1組には、園部くんという男子生徒がいました。彼は、毎朝、自転車通学の途中にまわり道をして、野口くんが転校していき閉店したコンビニの前を通ります。園部くんは、クラスのみんなが野口くんに貢物を要求し始めても、最初のうちは加わりませんでした。けれども、野口くんが自殺を試みる少し前に、級友にそそのかされ、ついに「じゃ、ぼくは…」と要求しました。そのときの野口くんの顔が、「園部くん、きみまでも…」という悲しい表情として何度もよみがえり、園部くんは、3人目の名前は自分に違いないと、自分を責め、苦しんでいるのでした。

　3人の名前の1人目と2人目は、いじめ加害の中心であった2人の生徒の名前だと思われます。3人目については、私は「みんな」ではないかと思っていました。だから、園部くんには、「きみの名前じゃないよ」と言ってあげたい気がしました。けれども、改めて考えてみると、野口くんは「園部くんだけは違う」「ひょっとしたら自分の味方になってくれるかもしれない」と淡い期待を抱いていたのかもしれません。しかし、頼みの綱である園部くんまでも加害者の側に加わった…。野口くんは、園部くんの対応に大きなショックを受けたでしょう。そう考える

28

と、３人目の名前は、確かに園部くんも含めた「みんな」であるような気がしてきました。森田先生は「『４層化』とは、いじめられた子どもを孤立させ、追い詰めていくこと」であると指摘しています。誰もいじめを止めてくれない、誰一人自分に寄り添ってくれない…、本当につらい状況でしょうね。

　逆に言えば、たとえたった一人であったとしても、加害者・観衆・傍観者ではない者がいてくれることは、いじめ被害者にとって大きな支えになるのではないかと思います。

　いじめがいち早く社会問題になり、いじめをなくすための取組が始まったのは、スウェーデン・ノルウェー・デンマークなどの北欧です。スウェーデンの非営利団体「Friends」が作成したいじめ撲滅を訴えるＣＭがあります。画面には、小柄な赤毛の男の子が登場します。「赤毛のアン」が髪の毛の色に劣等感を抱いていたように、欧米では赤毛は偏見・差別の対象となることがあるそうです。そこに、男の子の４人組が通りがかります。彼らは、赤毛の男の子を「髪に触れる」「わざとらしく赤いニット帽をかぶる」などしてからかいます。それを少し離れたところから金髪の少年が見ています。日が替わり、同じようなシチュエーション、４人組の一人がポケットから赤いニット帽を取り出しかぶろうとして、何かに気づき、かぶるのをやめ、他の３人がからかうことも制し、何もせずに立ち去っていきます。彼らの視線の先には、自分の金髪を赤く染めた少年がいました。赤毛の男の子は、本当に嬉しそうな笑顔を浮かべ、赤毛に染めた男の子に片手をあげて帰っていきます。そして、画面には「あなたはいじめを止めるのに役立ちましたね」というテロップが流れます。

　金髪の少年のこの勇気ある行動によって、これ以降、４人組

のいじめは止まるかもしれません。また、仮に、人目につかないところでこの4人組がまたからかったとしても、赤毛の男の子は決して死にたいほど苦しむことはないのではないかと思います。なぜなら、彼には、大切な仲間がいて、安心基地がありますものね。

精神医学者の中井久夫さん（1997）は、いじめの過程を「孤立化」「無力化」「透明化」の3段階で説明しています。要約しますと、「孤立化」とは、誰かを持続的にいじめの対象とするために、誰がいじめの標的であるかを加害者がみんなに知らしめ、身体的特徴や何ということはない行動などをとりあげて標的がいかにいじめられるに値するかをPRする段階です。「無力化」とは、加害者が被害者に、反撃すると必ず懲罰が与えられること、誰も味方にならないことを味合わせ、「反撃は一切無効である」と観念させる段階です。そして、「透明化」とは、たとえば「繁華街のホームレスが『見えない』ように」「善良なドイツ人に強制収容所が『見えなかった』ように」、いじめが日常の風景の一部になって、そこにある問題が周囲の眼に見えなくなっていく段階です。被害者は、自分がほとほと嫌になり、大人も級友も別世界の住人のように見えてきます。そして、加害者との関係は永久に続くように思え、いじめに遭っている時間はいつまでも終わらないほど長く感じられ、耐えがたくなっていくというのです。

このように、いじめによって孤立無援に追い込まれていくこと、仲間という安心基地を失うことが、いじめ被害者にとってどれほどつらいことか…。いじめを受け、「このままじゃ『生きジゴク』になっちゃうよ」と遺書に残して1986年に自殺した中学2年生の鹿川裕史くんをはじめ、いじめにより自らの命

を絶った子どもたちの無念を忘れないために、私たちは、いじめ被害者の心理を的確に理解しその苦悩をしっかりと受けとめていかなければいけないと思います。

（3）いじめの加害者の心理 〜 スケープゴート 〜

　次に、児童期・青年期における安心基地が仲間関係であるという観点と、それに加えて、特に青年期においては自立、すなわち自分らしさを確立して大人になっていくということが課題であるという観点から、いじめの加害者の心理を考えてみたいと思います。先に、「いじめはどうして子どもを追い込むのか」ということを考えてみましたが、今度は「子どもはどうしていじめを行うのか」というテーマです。「そんなことも考えるまでもなく、いじめ加害を行う者が粗暴な子ども、性格が歪んだ子どもだからじゃないか。」と思われる方もいらっしゃるかもしれません。しかし、私は、いじめ加害の動機・背景はそんなに単純ではないと考えています。文部科学省（2013）が示しているように、いじめは、「どの子供にも、どの学校でも、起こりうる」ものであり、「多くの児童生徒が入れ替わりながら被害も加害も経験する」ものです。ということは、いじめ加害は決して、一部の「問題のある子ども」の行動ではないということです。だから、いじめ加害を、子どもたち誰もが抱える対人関係上の課題として捉え、「どうしていじめるのか」を改めて考えてみることも、いじめ問題の本質を理解するうえでとても大切なことだと私は思っています。

　ここでは、仲間関係の観点から「スケープゴート」をキーワードに、そして自立の観点から「自己肯定」「ねたみ」をキーワー

ドにいじめ加害の心理を考えてみます。

　まずは、「スケープゴート」から。スケープゴートとは、日本語では「生贄の山羊」「贖罪の山羊」と訳されます。古代ユダヤ教において人々の罪やけがれを負わせるために荒野に山羊を放した儀式に由来する言葉で、心理学や社会学では、人間関係における問題を回避するために、その問題とは無関係なのに身代わりとして犠牲にされる人や集団のことを指します。

　先に述べたように、児童期・青年期の子どもは（いじめの被害者も観衆も傍観者も、そして加害者も）同世代の仲間関係を必要とします。けれども、私たち大人にとってもそうですが、他者との関係、特に相互の尊重・信頼に裏打ちされた「真の絆」を築くことは容易なことではありません。ただし、ひとつだけ、簡単に関係を築く方法があります。誰かをスケープゴートとして排除することで「絆」を築くという方法です（もちろんそれは「偽りの絆」ですが…）。加害グループは、誰かを標的にして、悪口・嫌がらせ・暴力などを共有することで、一体感を得ることができます。

　ちなみに、このようなメカニズムは、子どもの世界だけではなく大人の世界でも見られるものです。また、小さな集団の中だけでなく、ユダヤ人をスケープゴートにしてドイツ民族の団結を促したナチズムに象徴されるように、民族間でも生じることがあります。為政者が、自国に対する他国や他民族の「脅威」を強調することで、国内の問題から目をそらさせて、国民・民族の（偽りの）結束を固めようとすることは、いつの時代、どこの国においても見られる、政治の世界の「常套手段」と言えるかもしれません。このように、大人の世界にも存在するスケープゴートのメカニズムは、仲間関係を築くことが切実な問題で

ある児童期・青年期においても発動しやすいのではないでしょうか。

いじめ加害が仲間を求める心理と関係しているのだとすれば、いじめ加害を、（歪んではいるけれども）「関係を志向する衝動に基づく行為」として捉えられるとも言えます。変な言い方になりますが、「いじめ加害グループはいじめ加害行為を必要としている」わけです。そして、そんな仲間関係を確固たるものにするために、加害集団はどんどん膨れあがり、学級・学年などを支配するようになるのだと思います。しかも、「偽りの絆」は、いじめ行為を続けること、重ねることによってしか維持できないので、際限なく続きます。いじめの集団化、執拗さ、残虐さ、エスカレートなどの特徴は、ここから生じるものであると私は考えています。

そして、収容所でユダヤ人に行われていることに当時の多くのドイツ人が無頓着であったように、いじめの渦中においては、真面目な子、普通の子であっても、いじめ加害がいかに人の尊厳を踏みにじるものであるのかに思い至るのは難しいのではないかと思われます。繰り返しになりますが、スケープゴートを作ることによって自分（たち）の安定を手に入れようとする行為は、一部の人間の非行性・暴力性・非道徳性の問題ではなく、普段は穏やかで優しい平凡な人間でも手を染めてしまうかもしれない問題だということです。

加害者は「偽りの絆」のためにスケープゴートを必要とするわけで、標的とする相手が自分に危害を加えたり不利益をもたらすからいじめるわけではありません。だから、標的としてその子どもを選ぶ理由・根拠は何でもいいわけです。また、加害者は被害者のちょっとした問題をあげつらい「いじめられる側

にも問題がある」と主張しますが、それは些細な問題、非難に値しない問題であることが多いです。したがって、「いじめられる側にも問題がある」という子どもの主張は、それを認めてしまうとスケープゴートの問題が棚上げにされてしまうので、大人は決して乗せられてはいけないのです。

　それと、もうひとつここで押さえておきたいのは、スケープゴートを設けることで手に入る絆は本当の絆ではないということです。私は学生時代に近現代史を研究していましたが、当時読んだレーニンの『帝国主義論』の中で、次の言葉が今でも強く印象に残っています。

　「他の民族を抑圧する民族は自由ではありえない。」

　この言葉に倣っていじめ問題を表現すれば、「他の子どもをいじめる子どもは自由（本当の意味での自由・安心・幸せ）ではありえない。」となるでしょう。

　『帝国主義論』の詳細は覚えていませんが、「他の民族を抑圧する民族は自由ではありえない。」という言葉を、私は、帝国主義が他国・他民族を植民地支配することは、「植民地側の人々の自由や幸福を奪う」ことであるだけでなく、「帝国主義側の人々が自由や幸福を失う」ことでもあるので問題なのだという意味として理解しました。確かに、歴史を紐解くとわかるように、植民地支配を進める帝国主義国の強権的な政治支配は、場合によると国内にも向けられ、非民主的な内政が展開され自国民の自由も制約されることはよくあります。また、支配側の人々は、心のどこかに「被支配側からの反乱（＝抵抗、独立運動）」「非人権的な国家の在り方に対する批判や国際的孤立」などへの不安・怯えを抱えているわけで、そんな国のかたちが本当の安定・繁栄につながるものだと心の底から思うことはないでしょう。

いじめ問題においても、スケープゴートのメカニズムによる加害者・観衆・傍観者の一体感の裏には、「加害の中心メンバーによる学級全体に対する強権的支配」による息苦しさが存在しています。また、加害者・観衆・傍観者の一体感は、「被害者や仲裁者の反撃」「加害仲間・観衆・傍観者のいじめからの離脱」「大人への発覚と処罰」などへの不安・怯えと表裏の関係にあります。そんな一体感は、本当の幸せ、本当の絆、本当の安心基地ではありえないのです。だから、いじめは、「被害者の自由や幸福を奪う」だけでなく、「加害者・観衆・傍観者が自由や幸福を失う」ことでもあるのです。そのことを子どもたちに問題提起することで、いじめ防止につながる子どもたちの気づきが生まれるのではないかと私は考えています。

（4）いじめの加害者の心理 ～ 自己肯定～

次に、自立、すなわち大人になっていくために越えなければならないハードルという観点から、「自己肯定」をキーワードにいじめ加害の心理を考えてみます。ここでいう「自己肯定感」は「アイデンティティの確立」と言い換えてもいいでしょう。

アイデンティティとは「同一性」の意味の単語ですが、発達心理学者のエリクソンは、アイデンティティを、あの"私"もこの"私"も同一の"私"でありこれが自分自身であるという感覚を持つことという意味合いで使いました。この場合は、「自己同一性」または「自我同一性」と訳されることもあり、エリクソンは、アイデンティティの確立が青年期の発達課題であると考えました。40年ほど前に、「ソ・ソ・ソクラテスか、プラトンか、みんな悩んで大きくなった」と作家の野坂昭如さんが

歌うCMがありましたが、今も昔も、偉大な哲学者だけでなく普通の人々も、若い時代には「自分とは何者か」「自分が大人になるということはどういうことか」に思い悩むことがあるものですね。ですから、青年期とは、アイデンティティや自己肯定感を探し続ける悩み多き時代であると言えるでしょう。

大人になっていくことを意識し始めるきっかけは、第二次性徴とも関係しています。男の子の声変りやひげの発生、女の子の月経の開始や乳房の発達などの身体の劇的な変化ですね。そういえば、キキの「13歳の月が満ちた夜の唐突な旅立ち」は初潮のイメージと重なっていますね。そう考えると、『魔女の宅急便』は、「女性として大人になること」をテーマとしているとも言えるかもしれません。

しかしながら、自分らしさ、個性、自分のオリジナリティ、自分なりの在り方生き方などを見つけ出し、外見も内面も含めて「自分はこんな人間なんだ」「自分はまともな人間なんだ」と思えるようになる「自己肯定感の確立」「アイデンティティの確立」は、容易に達成できるものではありません。「私たちは、いわば、二回この世に生まれる。一回目は存在するために。二回目は生きるために。」哲学者のルソーの有名な言葉ですね。一回目の生みの苦しみはお母さんが経験しますが、二回目の生みの苦しみは、自分自身で引き受けなくてはなりません。

先に、手軽に仲間関係を手に入れるためにスケープゴートを作ろうとする心理について述べました。同じように、あまり苦しまずに手軽に自己肯定感を手に入れる方法があります。「変な子」「邪魔な奴」と誰かの存在を否定することで、自分が「まとも」であり「必要」であると位置づけることです。そんな心理に起因するいじめもあるのではないかと私は考えています。

たとえば、子どもたち、特に思春期を迎えた子どもは、大なり小なり、自分の容姿、より厳密にいえば、自分の容姿が他者にどう見られているかが気にかかり始めます。もっとも、本当のところはみんな自分のことにまずは精一杯なわけで、他者の細かな容姿にそれほど注目しているわけではないのですが、芥川龍之介の小説『鼻』の主人公である僧侶の禅智内供が自分の大きな鼻に劣等感を抱き続けたように、人によっては、自分の目鼻立ち、髪型、体形などのちょっとした特徴が致命的な欠陥と思えることもあるでしょう。

悪口や嫌なあだ名に、「ブタ」「デブ」という言葉がよく使われますが、その理由を私はこんなふうに考えています。体形については、たとえば古代の日本では、鳥毛立女屏風に描かれている樹下美人のように、豊満な体つきの女性が美しいとされていましたが、現代では細い体形が理想とされますね。子どもたちはアイドルやモデルの極端なまでのスリムなボディにあこがれ、大人もまた、年を重ねるとそれなりにふくよかな体形になるのが自然なのにダイエットに夢中になったりします（かく言う私も増える体重やだぶつく腹まわりが気にかかってしかたがないのですが…）。そんな風潮の影響もあって、「太っているか痩せているか」にナイーブになっている子どもは少なくありません。そして、あの子に比べたら自分は「まし」「まとも」「大丈夫」と思いたいがために、少し肥えた子を「ブタ」「デブ」などと呼んでいじめることが起きるのではないでしょうか。

また、いじめにおける悪口や嫌なあだ名に、「菌」「バイキン」「ゴミ」という言葉もよく使われますが、その理由を私はこんなふうに考えています。現代社会では、除菌・殺菌・滅菌・抗菌などをうたった商品がたくさん販売されているように、本来

は多少の雑菌があるのは当たり前なのに過剰なまでに清潔を志向する風潮があります（かく言う私も風呂場のタイルの黒ずみ汚れなどは結構気になるほうですが…）。その影響で、「汚い」「不潔」にナイーブになっている子どもも少なくありません。そして、ここでもまた、あの子に比べたら自分は「まし」「まとも」「大丈夫」と思いたいがために、誰かを「バイキン」などと呼んでいじめることが起きるのではないでしょうか。

　このように、「ブタ」「バイキン」などの言葉によるいじめは、自己肯定感を確立していくプロセスにあって、「まともな存在」「カッコいい存在」としての自分を見出したいという心理と関係していると私は考えています。

　自己肯定感（"私"に対する満足感や自信）を揺るがせる存在に敏感に反応するのは、もちろん、青年期だけの特徴ではなく、幼児期や児童期にも現れるでしょう。たとえばある幼稚園での話ですが、園児のAちゃんは、ときどきCちゃんをいじめます。Aちゃんは、お友だちの中でBちゃんがお気に入りで、Bちゃんと遊んでいるときは機嫌がいいのですが、BちゃんがCちゃんと遊びだすと、Cちゃんをのけものにしようとするというのです。Aちゃんにとって、Cちゃんは自分の満足を揺るがす脅威だからでしょう。

　先に、「私自身もいじめ加害の経験はあります」と書きました。あれは確か、小学校４年の頃のことでした。今になってやっとわかりましたが、あの行為も、私の自己肯定感を揺るがせる存在への衝動的な攻撃でした。

　当時、私は、三人の子どもに対して、人（親・教師・おとな・級友）のいないところで、ときどき理由もなく「殴る」「蹴る」行為をしていました。一人は近所に住んでいた軽度の知的障害

のある男の子Ｄくん、もう一人は、同級生で在日朝鮮人の男の
子Ｅくんと、同じく在日朝鮮人の女の子Ｆさんでした。Ｅくん
に対する暴行があるとき親に発覚し、私は父親にＥくんの家に
連れていかれ、Ｅくんと彼の父親の前で殴りとばされました。
Ｅくんの父親が「わかりました」と“ゆるし”の言葉を口にさ
れた場面を今でもよく覚えています。以後、私のＥくん・Ｄくん・
Ｆさんへの暴力は止みました。

　暴力をふるっている場面を今振りかえると、私の心の中に
は、罪の意識や相手の痛みを想像する気持ちなどほとんどなく、
あったのは、Ｄくん・Ｅくん・Ｆさんに対する、自分でもよく
わからぬ「苛立ち」からくる抑えようのない攻撃性だったよう
に思います。勉強のできる「優等生」であった私は、「大人（親・
教師）に良く思われたい、認められたい」という構えが強く、
いつも大人の（評価の）目を意識していました。そんな自分と
は対照的に、Ｄくんは、知的障害が故に、他者の評価などおか
まいなしのある意味は「マイペース」の存在でした。また、Ｅ
くんやＦさんは、当時の厳しい民族差別が故に、悲しげな目を
した「おとなに媚びない」存在でした。そんな三人の存在は、
私にとって、大人の目を意識し、大人の期待を忖度して振る舞
うことが大切なんだと思い込んでいる自分の「安定」を揺さぶ
る脅威だったんだと思います。だから私の中に攻撃の衝動が生
まれたのだと思います。

　ことが親に発覚したときに、「これで何もかもおしまいだ」
というような感じを抱いたことも覚えています。もしも、発覚
の経緯が少し異なっていて、取り繕うことが可能で、しかも親
が弁護の姿勢を漂わせたなら、「ぼくはしていない」と嘘をつ
き通すことも十分にありえたと思います。そういう意味で、私

のいじめを止めてくれたのは、「壁」となって殴りとばしてくれた父親であったと思います。

　しかし、私の加害の根底にあった、ハラの底から湧き上がる統制困難な衝動の意味と本当に向かい合うまでに、私はその後、30数年の歳月を要しました。大学の頃から、私は朝鮮差別の問題の解決にかかわる市民運動に参加しました。しかし、小学4年時の出来事を語る言葉を私は持っておらず、いや、その出来事を思い返すこともなく心の底に押し込めていました。月日は流れ、2002年、私はある大学の先生の「児童生徒の問題行動への個別対応の事例研究」に参加協力しました。そのときに、他の研究協力者から、同じクラスの子どもへの攻撃性を持つ男の子の事例が出されました。突然、自分の小学校4年生の時のいじめ加害がよみがえりました。そして、時を同じくして、それまで長い間「できることなら自分の歴史から消し去りたい」と思っていた加害体験を、40歳を過ぎて、ようやく受け入れることができました。

　Fさんには、数年前に同窓会で再会しました。少しためらいはありましたが、私はFさんに近づき、「あのとき、きみに何度かひどいことしたよね。」と言いました。Fさんは、淡々とした表情ではありましたが、「覚えてるの…。そうよ。私にひどいことしたよね。」と言いました。当然のことですが、Fさんはあのときの苦痛・屈辱を忘れていませんでした。「申し訳なかった…」。Dくん、Eくんとは、あれ以来一度も会ったことはありませんが、彼らもまた、きっと忘れていないと思います。

　ちなみに、私がFさんに「申し訳なかった…」と言ったのは、ゆるしを得たいがためではなく、「自分という人間を測るひと

つの尺度として忘れてはならない出来事」を胸に刻むためです。この本で私の経験を書いたのも、反省を示して贖罪を得たいからではなく、人間の小ささ、弱さの問題を皆さんと考えたかったからです。

　先に紹介した映画『青い鳥』では、野口くんの自殺未遂事件の後、重圧から逃げるように休職した担任を引き継いだ、阿部寛さん演じる臨時採用の「村内先生」がキーパーソンになっています。着任した村内先生の挨拶に生徒たちは驚きます。彼は、「カ行」と「タ行」と濁音で始める言葉がつっかえる、極度の吃音だったのです。生徒たちの驚きはやがて笑いに変わっていきます。しかし、その笑いは、村内先生の一言で消えます。

　「忘れるなんて、ひきょうだな」

　そして村内先生は、野口くんの机を教室に戻させ、無人の机に向かって

　「野口くん、おかえり」

と声をかけます。教師の指導で、ひたすら反省を作文にし、野口くんのことを忘れようとしていた生徒たちは動揺し、凍りつきます。重苦しさに耐えかねたようにある生徒が発した

　「罰ゲームっすかあ？」

という言葉に、村内先生は

　「…げっ、げっ、ゲームなんかじゃないぞ。ひとが生きてる
　世の中に、げっげげ、ゲームなんか、ないんだよ」

と答えます。次の日からも、村内先生は、生徒たちに構わず、毎朝、無人の机に向かって

　「野口くん、おはよう」

と声をかけ続けます。村内先生のこの行動の意図、作者の重松さんが村内先生を吃音のある先生とした意図は、やがて明らか

になります。

　映画の最後の場面、野口くんを自殺未遂に追いやったと自責
の念に苦しんでいる園部くんと、村内先生のこんなやりとりが
あります（映画では、村内先生は、つっかえながら絞り出すよ
うな声で話します）。

　「…先生。なんで野口の席、つくったんですか？　…なんで、
野口の席に毎朝、声をかけてるんですか？」

　「だって、野口くんはこの教室にいたかったんだから。ずっ
と座っていたかったんだから…。先生は、野口くんの名前
ずーっと呼んでやるんだ。みんなは、野口くんの苦しみに気
づかないほど、あの子のことを軽くしか見てこなかったから
…。だから先生は、クラスでいちばんあの子のことを大切に、
してやるんだ。」

　「でも本人いないじゃないですか。本人にはわかんないじゃ
ないですか。」

　「そうだよ。でも、野口くんはいなくても、みんなはいるから。
みんなの前で野口くんを大切にしてやりたいんだ。」

　「それって、ぼくらに罰を与えてるってことなんですか？
忘れるのは許さないって、ぼくらに罰を与えてるわけで
しょ？」

　「そうじゃないよ。」

　「じゃあ、なんなんですか？」

　「責任だ。…野口くんは忘れないよ。みんなのことを。一生
忘れない。恨むのか憎むのか、許すのかは知らないけど、一
生、絶対に忘れない。」

　「先生、どうやったら、野口、また帰ってきてくれますか？
ぼくらが土下座して、必死に謝ったら、転校やめて帰ってき

てくれますか？　手紙とか本気で書いて、お金とかもちゃん
と弁償して、殴られても蹴られてもいいからって謝ったら…
あいつ…許してくれて、帰ってきてくれますか？」

私なら、希望を抱かせるような肯定的な言葉を返してしまう
ような気がします。けれど、村内先生は「帰ってくる」とは言っ
てくれません。

「今の気持ちも、忘れるな。」

表面的な反省で片づけるのではなく、相手の苦痛・苦悩を決
して忘れずにいることが人としての責任だと村内先生は言って
いるのだと思います。

「あいつね、先生、知らないでしょ、会ったことないから、
あいつ、笑ってたんですよ。笑いながら、やめてくださいよ
お、とか言ってたんですよ。本気で嫌だって言って、本気で
断れば、ぼくらもわかったんですよ。…俺もバカだけど、野
口もバカだと思いません？」

「いろんな人がいるんだ。先生みたいに言葉がつっかえなきゃ
しゃべれない人もいるし、野口くんみたいに、冗談っぽく笑
わないと本気でしゃべれない人もいる。それはもう、人それ
ぞれなんだよ。だから、野口くんのことを忘れるなって言っ
てるんだ。野口くんのような友だちと、また知り合ったら、
今度はもうわかるだろう？　今度はもう、ちゃんと聞こえる
だろう？」

私がとても心に残ったシーンです。「忘れないでいること」「責
任」、村内先生のそんな言葉に触発されて、この本でも小学校
のときの体験を書いておこうと私は思いました。

それから、先に書いた「自分という人間を測るひとつの尺度
として…」というのは、作家の三浦綾子さん（1988）のエッセ

イで出会った言葉です。

　学校を卒業するときに、ノートやサイン帳などに別れの言葉を書き合うことがありますね。三浦さんは、女学校を卒業するとき、クラスの中でも容姿端麗なMさんにサインを頼まれて、ちょっと考えたそうです。三浦さんは、日頃、Mさんの親しい友人たちが彼女をちやほやしているように感じていました。だから三浦さんは、「この人のために真実の言葉を書くべきではないかと、自分自身に言い聞かせ」て、「あなたは、このままの生き方では不幸になります。」と書きました。三浦さんは、後年、この出来事を振り返って、こう語っています。

　　「私としては、それは精一杯の友情のつもりであった。だが、言わば前途を祝福すべきノートに、不幸という言葉を使ったのは、あとで考えるとあまりにも心ない仕業であった。私は彼女の幸福を願って書いたつもりではあったが、さぞ胸に刺さったことであろう。私は時折そのことを思い出しては、心のうちに詫びていた。」

　20数年後、同窓会でMさんと再会した三浦さんは、思い切ってそのことを言い、詫びます。Mさんは「あら、あなた覚えていたの？　私も覚えていたわよ。あなたが覚えていたのなら、許してあげる。」と明るく笑ったそうです。そして、三浦さんはこう続けています。

　　「彼女は卒業後、それまでの20数年の人生の中で、不幸の波もくぐった。だが、自分の進むべき道を確立し、多くの人に敬愛される生活を築き上げたのである。彼女の生活の中で、私の言葉がどのように作用したか知らないが、私は自分という人間を測るひとつの尺度として、この言葉を書いた自分を、忘れてはならぬと思っている。」

私は三浦さんのこの文章に後押しされ、小学校４年生のとき
の出来事を「自分という人間を測るひとつの尺度として、小学
校のときに暴力をふるった自分を、忘れてはならぬ」と総括し、
ようやく受け入れることができたのでした。

　話を元に戻します。「自己肯定感」をキーワードに子どもの
世界の出来事を見る中で、いじめ加害に関する理解や指導・支
援の糸口が浮かびあがるのではないかと私は考えているという
ことです。

　それと、付け加えておきますが、私が同級生をいじめたとき
に父親に殴りとばされたということを書きましたが、私は親の
虐待や教師の体罰にも関心を持っており、決して大人の「愛の
ムチ」を肯定したいわけではありません。たとえば、体罰につ
いては、欧米諸国の中には体罰を制度的に認めている国もある
ように、一定の教育的効果はあるだろうとは思います。ただし、
教育学者の上原崇先生（1993）が指摘しているように、体罰容
認国においても、それは厳しい条件の下で細心の注意を払って
なされていることを忘れてはいけないと思います。たとえば、
ケーン（細長い鞭）やパドル（体罰板）で打つという罰につい
ても、何回打つかということは、事前に慎重に議論を尽くした
うえで決められます。さらに、「体罰の行使は個別的であって
人前などで行わないこと、体罰は罰室と呼ばれる特別の部屋で
行うこと、第三者の立ち合いを求めること、体罰簿に記録する
こと、女生徒に対する体罰は女教師が行うこと、女生徒の体罰
はとくに差し控えること、幼少の者の体罰を禁止すること」な
ど、「過度の体罰や場当たり的・恣意的な体罰」を防ぐための
条件が厳しく定められています。それに比べると、日本におけ
る体罰は常に、一教員の判断に委ねられ、歯止めのない状況で、

過度で場当たり的で恣意的なものになる危険性があるわけです。つまり、体罰禁止国である日本で発生する体罰は、コントロールされた制度としての体罰ではないわけで、だから認めてはいけないのだと私は考えています。

　同様に、しつけのための親の「暴力」も常に、親の判断に委ねられ、歯止めのない状況でなされるものですから、子どもを損なう危険性を伴うものです。また、我が子への愛情や責任の自覚を欠いた虐待は言うまでもなく大きな問題ですが、我が子への思いがあるからこそ、つい「暴力」を振るってしまうこともありますね。教育学者の内田良さん（2015）は、「愛と憎しみはコインの裏表の関係にある。関係が深くなるほど、それは愛として成立することもあれば、憎しみを生み出すことにもなる。」と指摘しています。そういう意味でも、やはり、子どもに暴力を振るうことは基本的には自制すべきだと私は考えています。

（5）いじめの加害者の心理 ～ ねたみ ～

　次に、「ねたみ」をキーワードにいじめ加害の心理を考えてみます。「ねたみ」は「嫉妬」と言い換えてもいいでしょう。

　すでに述べたように、特に青年期においては、自己肯定感を持てるようになることが大きな課題です。だから、「自分よりすごい」「自分より素敵」な存在は、場合によれば不快に感じられることもあるでしょう。

　臨床心理学者の田上不二夫さん（1998）は、「嫉妬とは、欲求の対象である愛情・特権・地位・報償・物などの獲得競争の過程で、他者に先を越されたり、他者に奪われたりした際、あ

るいはそうした事態を予想した際に生ずる」ものであり「憎悪・怒り・羨望・屈辱・羞恥・劣等感などが複合した不快な情動のことである」と定義しています。

　ずいぶん以前に耳にした話なので、細部は正確ではないかもしれませんが、ある女優さんが学校でいじめられたことがあると聞いたことがあります。その方は、お父さんの仕事の関係で、13歳までアメリカで過ごしたそうです。帰国し、日本の中学校に通い始めたときのことです。遠慮したり恥ずかしがったりせずに自己主張することが重視されるアメリカ文化の中で育ったその方は、先生が意見を求めると、積極的に挙手してハキハキと自分の意見を述べます。そんな姿を、周囲の子どもたちは「イキがっている」「生意気だ」ととらえたのでしょうか、あるいは、「可愛さ」への嫉妬もあったのでしょうか、その方はいじめられるようになり、つらい思いをしたそうです。

　先に紹介した絵本作家の佐野洋子さん（2008）も、嫉妬による「まさえちゃん」に対するいじめ加害の経験を書いておられます。小学校時代のことです。佐野さんの級友のまさえちゃんは、「色白でもの静かな、いかにも母親に大事にされているような子」でした。ある日、佐野さんは、いちばん大事な洋服を釘にひっかけ破ってしまいました。お母さんのことを好きでなかった佐野さんは、「娘を愛している母親は、その友だちにも優しい事を私は知っていた」からか、まさえちゃんの家に行って、まさえちゃんのお母さんに洋服の破れを直してもらったそうです。

　　「そしてその事があった後、私はまさえちゃんをいじめるようになった。今はそのメカニズムがわかるが、その時はただムラムラとするのだった。まさえちゃんは『お母さまが云っ

ていたけど』と必ず話のあたまにつけるのだ。」

　娘の友だちにも優しいお母さん、そしてそんな母親を「お母さま」と慕うまさえちゃん。佐野さんの「ムラムラ」の正体は、そんな母子関係に対する嫉妬に違いありません。

　私の大学では、いじめ・不登校・暴力行為などの問題にかかわる学校や教育委員会を支援するために、2015年に鳴門教育大学「生徒指導支援センター」を新設しました。センターでは、活動のひとつとして、生徒指導上の諸問題に先生方が対応される際のヒントや道しるべになるような実践的な諸資料を作成し、公開・提供しています。

　センターで作成した資料のひとつに、子どもたちにいじめの意味を考えてもらうための教材として開発した「『いじめの解決方法』を見つけ出すワーク〜 五十嵐かおるさんのコミック『いじめ』を題材に 〜」があります（鳴門教育大学生徒指導支援センターのホームページからダウンロードできます）。これは、小・中学校の多くの子どもたちに共感をもって読まれている、いじめを題材にした五十嵐かおるさんの漫画「いじめ」シリーズを題材にしたものです。次頁の図4がその一部です。

　資料でとりあげたのは、五十嵐さんの『いじめ ― ひとりぼっちの戦い ―』に収められている第2話「明日に吹く風」の最初の部分です。中学校の陸上部内のいじめが描かれており、被害者は中島実咲（中学1年生）、加害の中心は日富光希（中学3年生、女子陸上部の部長）です。

　実咲は、1年生ながら100m走で好記録を出し、県大会出場を決めます。顧問は「新エースの誕生だ」と喜び、実咲があこがれている男子陸上部の部長、3年生の晴海先輩からも「県大会、がんばろうな」と声をかけられます。その様子を、日富部

3 いじめの心理

「いじめの解決方法」を見つけ出そう

この資料は、漫画家の五十嵐かおるさんが、
2005年から雑誌『ちゃおデラックス』『ちゃお』に掲載した
「いじめ」シリーズの中の
「明日に吹く風」というお話しの前半部分です。
「明日に吹く風」は、小学館の『ちゃおコミックス』の
「いじめ～ひとりぼっちの戦い～」に収められています。
舞台は、ある中学校の女子陸上部、
そこで起きたいじめがこの漫画のテーマです。

図4　いじめを考える教材

長は険しい表情で見つめています。毎日部長として黙々と頑張っていたのに、後輩の実咲が好記録を出したことや、女子生徒のあこがれである晴海部長と実咲との関係に嫉妬をおぼえたのでしょう。次の日から、日富部長が主導した仲間はずしや嫌がらせが始まります。部活動の最初の二人一組のストレッ

49

チ、実咲が相手を求めても誰もが目をそらします。練習が終わると、日富部長は「後片付けは今日からあなた一人でやることになったから」と命じます。「どうして…？」と苦悩する実咲。元は親しかった「優花」や「まあちゃん」も、申し訳なさそうな表情を浮かべつつも、実咲から距離を置き始めます。そんな日が続き、練習に集中できない実咲のタイムは伸びず、顧問から「もっと気合い入れろ」と叱られます。ある日、一人で片付けをしている実咲の様子を見た晴海部長が、「おまえ、一人でやっているのか？ おれも手伝うよ。」と声をかけます。しかし、そばにいた日富部長は、「いいのよ、晴海くん、あの子、自分から言い出したんだから。」と言います。翌日、いつもロッカーに入れている実咲のスパイクが見当たりません。困っている実咲にある部員が「じゃあ、あの辺を捜してみたら…？」と、トイレを指さして声をかけます。「まさか」、実咲がトイレのドアを開けると、便器に浸されたスパイクが目に入ります。「もうやだ…」とうめく実咲。次の日、晴海部長の姿を見かけた実咲は、相談しようとしますが、日富部長に遮られ、その後、部室で「チクろうとしてるんじゃねぇよ。しかも男にこびやがって…。」となじられ、ロッカーの中に閉じ込められます。

　資料で示す漫画はここまでです。子どもたちは、いじめの生々しさ、いじめに関係している生徒たちの心情を、五十嵐さんの漫画からリアルに感じ取っているでしょうから、余計な解説は必要ありません。漫画を読んだ後は、ワークシートを配付して、以下の設問に記入してもらいます。

　① 中島実咲は、今どんな気持ちだろう。

　② 日富光希（陸上部の部長）は、どんな気持ちで行動しているのだろう。

③ 優花、まあちゃんは、どんな気持ちで実咲や他の陸上部員を見ているのだろう。

④ 他の陸上部員は、どんな気持ちで行動しているのだろう。

⑤ あなたが上の①～④のいずれかの立場になって、いじめを解決するための今後の展開を考えてみよう。

⑥ グループ内で話し合って気づいたことを書いてみよう。

　設問①は、いじめの被害者の立場に立ってその気持ちを想像すること、設問③④はいじめの観衆・傍観者の立場に立ってその気持ちを想像することがねらいです。そして、設問②のねらいは、いじめの加害者の視点から考えてその気持ちを想像すること、このストーリーでは、いじめの背景に「ねたみ」「嫉妬」があることに気づいてもらうことです。そして、これらの設問についてまとめたうえで、設問⑤で、子どもたちに「じゃあ、どうすればいじめを止めることができるのか」を考えてもらいます。

　いじめの背景にある「ねたみ」「嫉妬」、しかし、それは、いくら「ねたみ」「嫉妬」の対象を攻撃したところで、本質的には解決しませんね。だから、スケープゴートの場合と同様に、「ねたみ」「嫉妬」から生じるいじめによる憂さ晴らしも、加害仲間をどんどん増やし、いじめ行為を続けること、重ねることによってしか維持できません。いじめの集団化、執拗さ、残虐さ、エスカレートなどの特徴は、ここからも生じるものであると私は考えています。

　スケープゴートの場合と同様に、「ねたみ」「嫉妬」の憂さ晴らしや、そんな行為を共有する一体感などは、本当の幸せ、本当の絆、本当の安心基地ではありえないですね。そんな観点も、いじめ防止を子どもたちに考えさせるヒントになるのではない

でしょうか。

（6）いじめの観衆・傍観者の心理

　最後に、児童期・青年期における安心基地が仲間関係であるという観点から、いじめの観衆・傍観者の心理を考えてみたいと思います。

　2006年に、政府が教育改革を推進するために設置した教育再生会議が有識者委員一同として『いじめ問題への緊急提言—教育関係者、国民に向けて—』を発表しました。その中に、「いじめを見て見ぬふりをする者も加害者であることを徹底して指導する」という部分がありました。先に、いじめの4層化がいじめられた子どもを孤立させ追い詰めていくという考え方を紹介しましたが、確かに、傍観する行為も、被害者を苦しめるという意味においては、加害者と同じ責任があると私も思います。しかし、行政職や教職を経験された森口朗さん（2007）は、「見て見ぬふりをする者も加害者」という考え方を批判し、「傍観者や中立者はあくまで傍観者や中立者であって、決して加害者ではありません」と述べています。傍観者は、加害者とは異なる葛藤や不安を抱いていることが少なくないという意味において、森口さんの意見も一理あるように私は思います。

　いじめを批判・制止しようとする行動は、加害者集団にとっては、自分たちの「安心」「安定」を揺るがせる脅威です。そして、前述したようにスケープゴートであることの理由・根拠は何でもいいので、いじめを批判・制止した者は、一転して自分がスケープゴートとされる可能性は極めて高いです。加害と被害の関係の周辺にいる子どもたちは、そのようなメカニズムを敏感

に感じ取っています。だから、観衆・傍観者は、表面上は「はやしたてる」「見て見ぬふりをする」などの行動をとっていても、心のうちでは、被害者の苦しみに心を痛め、制止できないことへの自責の念にかられ、学級・学年・クラブなどの集団の健全性への信頼を失い、絶望し、自分がスケープゴートになることに怯え、息を潜めて身を縮めて過ごしている場合も少なくないと私は考えています。実際、大学で、小学校や中学校のときにクラスにいじめられっ子がいたという学生に、どうして見ているだけでいじめを止めようとしなかったのかを尋ねると、異口同音に、「もちろん可哀そうだとは思ったけれど、止めようとしたら、たちまち次の日から自分が標的になるのがわかっているので、怖くて止めることができなかった。」という趣旨のことを言います。そんな状況の子どもたちに、「見て見ぬふりをする者も加害者である」というメッセージが響くとは私には思えません。

　留意すべきは、いじめの加害者の心理と、いじめの観衆や傍観者の心理には差異があるという点です。観衆や傍観者もまた、児童期・青年期を生きているわけですから、安心基地としての仲間関係を必要としています。だからこそ、「はやしたてたり、おもしろがったりすることで、自分が仲間はずれにあっていないことを確認する」という心理が働き、観衆になるのだと思います。あるいは、「傍観することで、当面は自分が標的になることを回避できる」という心理が働き、傍観者になるのだと思います。しかも、観衆という立ち位置も傍観者という立ち位置も、自分が標的になるかもしれないという不安を抱えているので、本当の意味で安心できる立ち位置ではありません。つまり、観衆・傍観者もまた精神的ダメージを受けている側面があると

いうこと、観衆・傍観者の加害者性だけではなく被害者性を理解することも重要ではないかと私は思います。

と言っても、もちろん、観衆や傍観者のままでいていいというわけではありません。「誰かをいじめること、はやしたてること、見て見ぬふりをすることで成立する仲間関係は、偽りの仲間関係であり、本当の安心基地にはなりえない。」ということ、加害者・観衆・傍観者の安心は偽りの安心であることを、実は子どもたちもそれとなく感づいています。だから、大切なのは、「本当の仲間」とは何かを、子どもと大人が、共に本気で考えていくことだと思います。そして、人間集団の健全性への信頼を回復することだと思います。

以上、いじめの心理を、4層構造のそれぞれの立場に分けて考えてみました。難しく考えなくても、皆さんがかつて小学生・中学生・高校生だったころのことを思い出していただければ、おわかりいただけるのではないでしょうか。

映画『青い鳥』のパンフレットには、こんな言葉が書かれていました。

「大人は、みんな、十四歳だった。

人は弱いから、強くなろうとする。でも強くなんて、ならなくていい。頑張るだけで、いいんだ。今より少しでも、人の気持ちを想像するだけでいいんだ。

かつて中学生だった、あなたに贈る。」

子どもの目線に立って大人としていじめ問題を考えるためのヒントは、私たちの心の中の「いつかの少年」（長渕剛さんのそんな名曲がありましたね）、「かつての少女」の声に耳を傾ければ、そっと教えてくれるのではないでしょうか。

第2章 親といじめ

1 いじめと子育て

(1) いじめ発見のチェックリスト 〜 教師にとって 〜

　第2章では、親として我が子のいじめ（被害・加害）に気づくためにはどうすればよいか、あるいは我が子をいじめの被害者・加害者にさせないためにはどうすればよいかについて、考えてみたいと思います。

　いじめの発見については、教育委員会などが教員向けにいじめ発見チェックリストを作成していることがあります。

　たとえば、福岡県教育委員会は、次頁の表1のような教師用の「いじめ早期発見チェックリスト」を作成しています。リストには、「登校から朝の会」「教科等の時間」「昼食時間」「部活動やクラブ」など、学校生活の時間帯ごとに分けて、いじめ被害を発見するための計21のチェック項目が示されています。これらは学校生活の中での様子ですので、当然のことながら、教師しか気づくことができないもの（保護者にはわからないもの）がたくさんあります。項目6「グループにするときに、机を離されたり避けられたりする。」や、項目14「帰りの会終了後、用事がないのに下校しようとしない。」などは、ちょっとしたことのように見えても、ＳＯＳのサインである場合があります。児童生徒のことをよくわかっておられる先生の視点が感じられるこれらの項目は、現場の先生方の経験則から導き出されたものかもしれません。

表1　いじめ早期発見チェックリスト【教師用】

時系列	項目	児童生徒を観るポイント
(1) 登校から 朝の会	1	遅刻・欠席・早退などが増えた。
	2	朝の健康観察の返事に元気がない。
(2) 教科等の 時間	3	教室に入れず、保健室などで過ごす時間が増えた。
	4	学習意欲が低下したり、忘れ物が増えたりしている。
	5	授業での発言を冷やかされたり、無視されたりする。
	6	グループにするときに、机を離されたり避けられたりする。
(3) 休み時間	7	休み時間に一人で過ごすことが増えた。
	8	遊んでいるときも、特定の相手に必要以上に気を遣う。
	9	遊び仲間が変わった。
(4) 昼食時間 (5) 清掃時間	10	給食のおかずの意図的な配り忘れや不平等な配膳をされる。
	11	重い物や汚れたものを持たされることが多い。
	12	清掃時間に一人だけ離れて掃除をしている。
(6) 帰りの会 から下校	13	責任を押しつけられたり追及されたりすることが多い。
	14	帰りの会終了後、用事がないのに下校しようとしない。
(7) 部活動や クラブ	15	練習の準備や後片付けを一人でしていることが多い。
	16	急に部活動をやめたいとかクラブを変わりたいと言い出す。
(8) 学校生活 全般	17	グループ分けなどでなかなか所属が決まらない。
	18	本意でない係や委員にむりやり選出される。
	19	衣類の汚れや擦り傷等が見られる。
	20	持ち物や掲示物等にいたずらや落書きをされる。
	21	持ち物がなくなったり壊されたりすることがある。

第 2 章　親といじめ

　また、教師の視点からはあまり思いつかないことかもしれないけれども、児童生徒の視点からするとこんな点が要注意だというチェックリストを、上越教育大学教授の稲垣応顕先生（2016）が開発しています。

　鳴門教育大学では、いじめ防止支援機構が中心となって、2015 年度より、ＢＰ（いじめ防止支援）プロジェクトに取り組んでいます。ＢＰとは、Bullying（いじめ）と Prevention（防止）の頭文字をとったものです。このプロジェクトは、鳴門教育大学・宮城教育大学・上越教育大学・福岡教育大学の 4 大学による協働参加型の組織・事業で、4 大学のシナジー（相乗作用）効果によっていじめ防止に関する研究を深めていくことをめざしています。また、国立教育政策研究所、日本生徒指導学会、そして日本ＰＴＡ全国協議会にも、協力団体としてご支援いただいています。

　このＢＰプロジェクトに一緒に取り組んでいる上越教育大学の稲垣先生は、全国の都道府県と、無作為に抽出した市町村の教育センターから 228 のいじめ発見チェックリストを収集し、計 15,960 のチェック項目を同じ内容ごとにまとめ、105 のチェック項目に整理しました。そして、整理されたチェックリストを用いて、ある市の全中学校の生徒（21 校、2,422 人）を対象に、その項目がいじめを発見するうえで妥当であるかどうかについて「〇・×」方式で回答を求めました。さらに、稲垣先生は、105 のチェック項目以外での、いじめを発見するためのチェックポイントについて、自由記述で回答を求めました。

　このような取組を踏まえて稲垣先生が作成されたのが、表 2 のいじめ発見チェックリストです。要は、「大人の視点」に「子どもの視点」を加えたリストということですね。

1 いじめと子育て

表2　いじめ発見チェックリスト（上越教育大学開発）

(1) 登下校
　1) 集団登（下）校をしなくなる／登校を渋る。
　2) 友達の荷物をよく持たされている／カバンが汚れている。

(2) 授業中
　1) 座席が替えられている（―席替えの時に、いつも前の席にさせられる）。
　2) 発言に対し、冷やかし・からかい・軽蔑するような笑いが起きる。
　3) グループ分けの時に、最後までグループが決まらない。

(3) 休み時間
　1) 人の目につかないところ（トイレ等）で時間を過ごしている。
　2) 周囲の言いなりになっている。
　3) 表情が暗い。笑わない。もしくは作り笑いが多い。
　4) 話の輪に入れていない。
　5) お金の受け渡しをしている。

(4) 給食・清掃時
　1) 配膳したものを避けられる。
　2) 人気のないメニューが多く盛られている。
　3) グループを作るとき、机が離されている。
　4) 机や椅子が運ばれていない。
　5) 雑巾がけなどをしているとき、他の生徒から邪魔をされる。

(5) 帰りの会・放課後
　1) 配布物がわたってこない。
　2) 何か問題が生じると、加害・被害を問わずその子の名前が出てくる。
　3) 学級の役員や係を「辞めたい」と言い出す。
　4) 手紙やインターネットへの書き込み情報が寄せられる。
　5) 部活動を休みがちになる。／一人で帰宅するようになる。

(6) 学校生活全体
　1) 一人でいることが多い。
　2) 保健室や職員室によく行くようになる。
　3) 教科書・ノート、机・椅子・掲示板に落書や傷がある。
　4) 忘れ物や紛失物がよくある。
　5) 作文や絵などの作品に気になる表現や物が書かれる。
　　　また、色使いが気になる。

第2章 親といじめ

　　6）　ふざけているときに、その場にいないまた離れた場所にいる
　　　　"その子"の名前やニックネームがよく出てくる。
　　7）　行事や集団行動を嫌がる。
（7）**本人の表情・様子**
　　1）　体調不良をよく訴える。
　　2）　元気がなく、うつむき加減でいることが多い。教師と目を合わ
　　　　せない。
　　3）　時々涙ぐんだり、ボーッとしている。
　　4）　怪我が多い。また、服が汚れていることが多い。
　　5）　ナイフなどを持ち歩くようになる。
　　6）　校則違反が多くなる（＝させられている／付き合わされること
　　　　が多い）。

　このチェック項目の中には、私たち大人は見落としがちだけ
れども、子どもたちからすればここがポイントなんだと気づか
される項目があります。

　たとえば、「席替えの時に、いつも前の席にさせられる」な
どは、私の教職経験を振り返っても、なるほどそう言えば…と
納得させられます。皆さんも思い出していただくとおわかりに
なるかもしれませんが、席替えとは、教師にとっては単なる実
務のひとつであるかもしれないけれども、子どもたちにとって
はとても大きな「イベント」ですね。教室の前のほうになるか
後ろのほうになるかは大問題、席替えのくじで教卓のすぐ前の
席のくじを引こうものなら、「ジョーカー」を引いてしまった
気分になりましたよね。あるいは、自分の席の前後左右など、
近くに誰がくるのかも、大きな関心ごとです。だからこそ、学
級の中で支配的なポジションにいる子どもは、気に入らない席
があたると、拒否できない弱い生徒に、くじの交換を強要する
ことがしばしばあります。

60

そう言えば私が中学校のときの席替えで、こんなことがありました。ある日の席替えで、私は初めて、淡い恋心を抱いていた女の子の隣の席になりました。「やったー」と心の中で叫びました。そして、担任の先生の指示で、荷物を持って新しい席に引っ越し…、ところが、その女の子のところにある男子生徒が近づいてきて「なあ、ちょっとかわってくれる？」、女の子は屈託なく「いいよ」…、こうして私の胸の高鳴りはわずか数秒で霧散しました。「くじの意味がないじゃないか」「ちゃんと不正を叱ってくれよ」と担任の先生を恨みました。

そんな経験があったからだと思います。「いじめ防止」を意図していたわけではありませんが、私は、若いときから、担任として席替えをする際には、不正をさせないために工夫をしていました。番号を書いたくじをつくり、くじを引かせます。そして、その紙に名前を書かせます。この段階では、黒板に書いた座席表にはまだ番号は書きません（何番がどの席かわかりません）。そして、くじを回収したうえで、おもむろに座席表の枠内に番号を板書します。こんなやり方で、「勝手に席をかわる」ことを防いだのです。私の動機は中学校のときの席替えでの出来事への「恨み」でしたが、この席替えの方法は、いじめ防止のためにも使っていただけるかもしれません。

話を稲垣先生のチェックリストに戻します。給食のときの「配膳したものを避けられる」という項目は、いじめられている子どもが配膳係のときに、これ見よがしに嫌な顔をするというようなことを、実際に子どもたちは経験したり見たりしているということなのでしょう。避けられた子どもは、クラスで「バイキン」と呼ばれていることもあるでしょう。

「ふざけているときに、その場にいないまた離れた場所にい

る"その子"の名前やニックネームがよく出てくる。」なども、なるほどリアリティがありますね。要は、いじめの対象になっている"その子"を、生身の人間として扱うのではなく、単なる話のネタとしてしか見ていないということですね。

（2）いじめ発見のチェックリスト ～ 保護者にとって ～

　次に、保護者の方々がいじめを発見するためのチェックリストをご紹介します。

　文部科学省は、保護者向けに「いじめのサイン発見シート」を作成しています。森田洋司先生が監修されたシートで、文部科学省の「いじめの問題に対する施策」のホームページからダウンロードできます。表3がそのチェック項目です。

　いじめ被害のサインについては、我が子が家庭で過ごす時間帯ごとに、「朝（登校前）」「夕（下校時）」「夜（就寝前）」「夜間（就寝後）」に分けて、注意すべき項目が示されています。また、

表3 「いじめのサイン発見シート」のチェック項目

≪ いじめ被害のサインを発見するポイント ≫
◆ 朝（登校前） □ 朝起きてこない。布団からなかなか出てこない。 □ 朝になると体の具合が悪いと言い、学校を休みたがる。 □ 遅刻や早退がふえた。 □ 食欲がなくなったり、だまって食べるようになる。 ◆ 夕（下校時） □ ケータイ電話やメールの着信音におびえる。 □ 勉強しなくなる。集中力がない。 □ 家からお金を持ち出したり、必要以上のお金をほしがる。 □ 遊びのなかで、笑われたり、からかわれたり、命令されている。

> □ 親しい友達が遊びに来ない、遊びに行かない。
> ◆ **夜（就寝前）**
> □ 表情が暗く、家族との会話も少なくなった。
> □ ささいなことでイライラしたり、物にあたったりする。
> □ 学校や友達の話題がへった。
> □ 自分の部屋に閉じこもる時間がふえた。
> □ パソコンやスマホをいつも気にしている。
> □ 理由をはっきり言わないアザやキズアトがある。
> ◆ **夜間（就寝後）**
> □ 寝つきが悪かったり、夜眠れなかったりする日が続く。
> □ 学校で使う物や持ち物がなくなったり、こわれている。
> □ 教科書やノートにいやがらせのラクガキをされたり、やぶられたりしている。
> □ 服がよごれていたり、やぶれていたりする。
> ≪ **いじめ加害のサインを発見するポイント** ≫
> □ 言葉づかいが荒くなる。言うことをきかない。人のことをばかにする。
> □ 買ったおぼえのない物を持っている。
> □ 与えたお金以上のものを持っている。おこづかいでは買えないものを持っている。

いじめ加害のサインについても、3つの項目が示されています。

　また、福岡県教育委員会は、先にあげた、「いじめ早期発見チェックリスト【教師用】」と並んで、表4のような「いじめ早期発見チェックリスト【家庭用】」を作成しています。なお、実際のチェックリストは、「1」「2」に続いて、「3　その他、

第2章　親といじめ

表4　いじめ早期発見チェックリスト【家庭用】

1　最近のお子さんの様子の変化で、下記の項目に該当するものがあれば、空欄に○を記入してください。

1	理由のはっきりしない衣服の汚れや破れが見られることがある。	
2	理由のはっきりしないあざやけが（殴られた跡）がある。	
3	持ち物（学用品や所持品）がなくなったり、壊されたりしている。	
4	家族との会話が減ったり、学校の話題を意図的に避けたりする。	
5	ささいなことで怒ったり、家族に八つ当たりしたりすることが多くなった。	
6	登校時間になると、体調不良を訴えることがよくある。	
7	家庭から金品を持ち出したり、必要以上に金品を要求したりする。	
8	友達や学級の不平・不満を口にすることが多くなった。	
9	これまで仲のよかった友達との交流が極端に減った。	
10	友達からの電話に出たがらなかったり、遊びの誘いを断ったりする。	

2　下記の項目を子どもさんに直接たずねて、回答を記入してください。

1	あなたのクラスに、仲間はずれにされている人はいませんか？	いる	いない
2	あなたのクラスに、よく嫌がらせをされている人はいませんか？	いる	いない
3	あなたは、困ったときに相談できる友達がいますか？	いる	いない
4	あなたは、困ったり悩んだりしたときに相談できる先生はいますか？	いる	いない

3　その他、子どもさんの様子で気になることがあれば記入してください。

子どもさんの様子で気になることがあれば記入してください。」
という自由記述欄があります。

　さらに、日本ＰＴＡ全国協議会（2017）も、『今すぐ！家庭
でできるいじめ対策ハンドブック』で、いじめの被害・加害に

□身体の見えない所にケガをしていたり、アザがあったりしません
　か？
□物が壊されたり、無くなっていたりしませんか？
□頻繁にお小遣いをねだったり、財布からお金がなくなったりして
　いませんか？
□表情が暗くなっていませんか？
□学校に行きたくないと言っていませんか？
□成績が急に下がったりしていませんか？

があげられ、いじめ加害を発見するための項目としては、

□買い与えていないものを持っていませんか？
□保護者や大人の知らないお金を持っていませんか？
□誰かとひそひそと電話することがありませんか？
□言葉や行動が乱暴になったりしていませんか？

があげられています。

　以上紹介した３つのチェックリストの、いじめ被害発見のた
めの要点をまとめると、

　　◆暴力や器物破損などのいじめ加害の痕跡を見出す。

　　◆生活リズムの変化や登校不安・意欲の減退・気分の沈み・
　　　苛立ちなどに気づく。

　　◆友人関係・家族関係の変化に注意する。

　　◆ネット上のトラブルに気を配る。

気づくためのチェック項目を示しています。

　いじめ被害を発見するための項目としては、

ということになります。

　上越教育大学の稲垣先生が中学生の意見も取り入れて教師用のユニークなチェックリストを作成されたように、ＰＴＡ活動で、児童生徒と一緒に親が子どものどんな点に注目すればいいのかを話し合う機会を持てば、これらのチェック項目以外にも、いろいろな観点が出てくるかもしれませんね。大人目線だけで考えるのではなく、「子どものことは子どもに聞く」姿勢が、教師にとっても保護者にとっても必要だと思います。

（3）自殺のサインに気づくためのチェックリスト

　いじめは子どもを深く傷つけ、追い込みます。場合によると、自ら命を絶ちます。それでは、いじめにより「死んでしまいたい」とまで思い詰めている子どもの気持ち（自殺念慮、希死念慮）に気づくためにはどうしたらよいのでしょうか。

　文部科学省は、2009年に、マニュアルとリーフレット『教師が知っておきたい子どもの自殺予防』を作成しています。これは、学校の先生のために作られたものですが、保護者としても参考になる資料です。これも、文部科学省のホームページからダウンロードができます。

　リーフレットでは、まず、「子どもの自殺の実態」として、小中高生の自殺者数は毎年300人前後で推移していること、近年は少子化が進んでいるため、自殺率ということでは上昇傾向にあることが示されています。さらに、私も驚きましたが、中学校や高校の先生の５人に１人は生徒の自殺を経験し、３人に１人は生徒の自殺未遂を経験しているということです。ちなみに、私も、教え子の自殺を経験しています。

次に、「自殺に追いつめられる子どもの心理」として、「ひどい孤立感」「無価値観」「強い怒り」「苦しみが永遠に続くという思いこみ」「心理的視野狭窄」があげられています。「心理的視野狭窄」とは、自殺以外の解決方法が思い浮かばない心理状

表5　自殺直前のサイン

・自殺のほのめかし
・自殺計画の具体化
・行動、性格、身なりの突然の変化
・自傷行為
・怪我を繰り返す傾向
・アルコールや薬物の乱用
・家出
・最近の喪失体験
・重要な人の最近の自殺
・別れの用意（整理整頓、大切なものをあげる）
≪ その他のサイン例 ≫
・これまでに関心のあった事柄に対して興味を失う。
・注意が集中できなくなる。
・いつもなら楽々できるような課題が達成できない。
・成績が急に落ちる。
・不安やイライラが増し、落ち着きがなくなる。
・投げやりな感度が目立つ。
・身だしなみを気にしなくなる。
・健康や自己管理がおろそかになる。
・不眠、食欲不振、体重減少などのさまざまな身体の不調を訴える。
・自分より年下の子どもや動物を虐待する。
・学校に通わなくなる。
・友人との交際をやめて、引きこもりがちになる。
・家出や放浪をする。
・乱れた性行動に及ぶ。
・過度に危険な行為に及ぶ、実際に大怪我をする。
・自殺にとらわれ、自殺についての文章を書いたり、自殺についての絵を描いたりする。

態のことです。これらは、第1章でご紹介した、精神医学者の中井久夫さんの「孤立化」「無力化」「透明化」といういじめの三段階の過程とも関連していますね。

　そして、リーフレットでは、「自殺直前のサイン」として、表5のような項目があげられています。

　子どもの自殺ということではありませんが、私は、「別れの用意（整理整頓、大切なものをあげる）」ということから、加藤和彦さんのことを思い出しました。第1章で紹介した北山修さんは、私たちの世代の者にとっては、精神医学者としてよりも、1960年代後半に一世を風靡した3人組のフォーク・グループ「ザ・フォーク・クルセダーズ」（略してフォークル）のメンバーとして脳裏に刻まれています。そのメンバーの一人が加藤和彦さんでした。若い方はご存じないでしょうが、フォークルは、オリコンチャート史上初のミリオン・シングルとなったコミックソング『帰って来たヨッパライ』をはじめ、『イムジン河』や、『悲しくてやりきれない』（加藤和彦作曲・サトウハチロー作詞）、『青年は荒野をめざす』（加藤和彦作曲・五木寛之作詞）などの曲を残しています。その加藤和彦さんが、2009年10月16日に自殺しました。享年62歳でした。ショックでした。亡くなる1カ月前の9月20日、私は、静岡県の「つま恋」で開催された、南こうせつさんの野外コンサート「サマーピクニックフォーエバー」に行きました。舞台には、シークレットゲストとして、加藤和彦さんとアルフィーの坂崎幸之助さんが登場しました。加藤和彦さんの自殺は、そのわずか1カ月後の出来事でした。「まさか…」と言葉を失いました。

　「私のやってきた音楽なんてちっぽけなものだった。

　世の中は音楽なんて必要としていないし、

私にも今は必要もない。

創りたくもなくなってしまった。

死にたいというより、むしろ生きていたくない。

生きる場所がないと言う思いが私に決断をさせた。」

遺書にはそう書かれていたそうです。その言葉もまた、ショックでした。

北山修さん（2016）は、著書『コブのない駱駝―きたやまおさむ「心」の軌跡』の中で、加藤さんの「別れの用意（整理整頓、大切なものをあげる）」について書いておられます。10月16日、「遺書」のような手紙が加藤さんの知人に届き、加藤さんの消息がつかめなくなりました。北山さんは、何か手がかりになるものはないかと、加藤さんのマンションを訪れます。その部屋は、加藤さんが録音スタジオとして使っていた部屋で、ＣＤ・レコード・録音機材などが所狭しと置かれていました。けれども、北山さんがドアを開けると、部屋は「もぬけの殻」でした。

「加藤は、誰にもわからずにそれらの物を整理し、完全に片づけていたのでした。私は、すっきり片づいた部屋を見たとたん、あの何度も垣間見てきた真空の空虚が、再びそこにあるように感じました。ここに吸い込まれたら、もう彼は戻ってこない、という思いが頭に広がっていきました。」

空白の部屋の壁に、唯一残されていたのは、1967年のフォークルの解散コンサートの写真だったそうです。ちなみに、北山さんの部屋にも、解散コンサートの写真が飾られていたそうです。

北山さんが加藤さんの部屋を訪れた翌10月17日、軽井沢のホテルで加藤さんの遺体が発見されました。

フォークル解散後、北山さんは、時折、音楽活動もしながら、

精神医学者として活躍してこられました。私の研究室の本棚にも、北山さんの著書が数冊、並んでいます。一方、加藤さんは、「サディスティック・ミカ・バンド」などのバンドを結成したり、3代目市川猿之助のスーパー歌舞伎の舞台音楽を担当したりと、多彩な才能を発揮してきました。

　加藤さんは、晩年、鬱病と診断されていたそうです。北山さんの苦悩は、特に、深かっただろうと思います。きっと、長年の友人として彼を救えなかったことと、精神科医として彼を救えなかったことの、二重の自責の念に苛まれたことだろうと思います。彼は、加藤さんを失った後、しばらくは、何かの拍子にボロボロと涙がこぼれ、研究活動も音楽活動もできなかったそうです。

　3年の月日を経て、北山修さんは坂崎幸之助さんとフォークルを再結成し、アルバム『若い加藤和彦のように』を出します。そして、レクチャー＋ミニコンサート「きたやまおさむアカデミックシアター『加藤和彦物語』」を開催します。2013年の大阪公演には私も出かけました。

　コンサートの最後の曲に選ばれたのは、『人生という劇場』でした。この曲は、加藤さんが亡くなる前年の2008年に、北山修作詞、加藤和彦作曲で「トワ・エ・モワ」に書き下ろした曲です。

　「ねえ教えてよ　私、醜くないか

　ねえ教えてよ　私、愛されてるか

　ねえ教えてよ　私、価値があるかな

　ねえ教えてよ　私、意味があるか」

そんな言葉が歌詞に出てきます。

　「私のやってきた音楽なんてちっぽけなものだった」

「世の中は音楽なんて必要としていない」

加藤さんの最期の言葉との符合に驚かされます。そして、加藤さんの歌は「本当にたくさんの価値・意味をいただいた、大きなものでしたよ」と叫びたくなります。

長くなりましたが、自殺の痛ましさ、大切な人を失うことの深い喪失感を考えるとき、私は真っ先に、30数年前の10月10日に当時私が勤務していた高校の校庭で自ら命を絶った生徒のことと並んで、落語家の桂枝雀さん（1999年に自殺）、そして加藤和彦さんのことが思い浮かぶので、自殺防止への思いを皆さんと共有したいと願って、ここで加藤さんの思い出を書かせていただいた次第です。

文部科学省のリーフレットの表紙には、「自殺は『孤立の病』とも呼ばれています。子どもが発している救いを求める叫びに気付いて、周囲との絆を回復することこそが、自殺予防につながります。」と書かれています。第1章で述べたように、いじめ被害の苦悩を読み解くキーワードのひとつも「（仲間からの）孤立」です。さらに、リーフレットには、「学校で毎日のように子どもに接している教師の皆さんこそが、この叫び（助けを求める叫び）を最初に受け止めるゲートキーパーでもあります。」と書かれています。ゲートキーパーとは、自殺の危険を示すサインに気づき、適切な対応を図ることができる、「命の門番」とも位置付けられる人のことです。「学校では教師こそがゲートキーパー」という言葉に倣うならば、「家庭で毎日のように子どもに接している保護者の皆さんも、この叫びを最初に受け止めるゲートキーパーでもあります。」ということになりますね。だからこそ、学校と家庭、教師と保護者の協力は不

可欠であり、きめ細かな連携を通じて、子どもの必死の叫びに耳を傾け、何としても、子どもの自殺を防いでいきたいと思います。

（4）チェックリストの使い方

いじめの兆候や自殺のサインに気づくためのチェックリストをいくつかご紹介しましたが、ひょっとしたら、参考にはなるけれども「こんなにたくさんの項目を毎日チェックなんてできない」「これらの項目をチェックすれば本当にいじめや自殺を防げるのだろうか」と感じられた方がいらっしゃるかもしれませんね。実は私も少しそう思います。

いじめに限らず、何らかの問題に関する点検や評価などの項目・観点のリストの中には、実際に行うには現実的ではないものも結構ありますね。私の勤務する大学は教員養成を使命とする大学ですので、教員採用試験に関する指導なども行っています。面接についても、大切な点や心がけるべき点、言い換えれば採用試験合格に必要な項目・観点について指摘・助言しますが、それとともに、細々したことをひとつひとつ確認することにとらわれすぎてもダメだよと話すことがあります。たとえば、ノックは３回とか、室内では上着のポケットのフラップ（フタ）は外に出さずに中に入れておくとか…（実は後者は私も最近知った「マナー」です）。確かに、それらを知っておくことは必要かもしれませんが、私が教育委員会に勤務していた時に面接を行う側にいた経験からすると、ノック・フラップ・身だしなみ・着座の姿勢・声の大きさ・表情…、そんな細かなことをいちいち項目ごとにチェックなどしなかった（そもそもできな

い）ですし、そんな「部分」にこだわっていたら、いちばん肝心な、全体としてのその人の「教育への情熱」「子どもへの愛情」などを見極めることができなくなってしまうように思います。

　哲学に関係する話ですが、近代の科学的・合理的な研究の方法論のひとつに、「還元主義」という考え方があります。難しそうな問題もそれをいくつかの要素に還元して（戻して）いくと理解できるという考え方です。教育学の世界においても、たとえば「子どもの学力」「教師の指導力」などの問題について、いくつかの要素や観点に分けて説明されることがあります。そして、そのような分析によって、確かに、物事の意味がある程度整理されます。

　けれども、哲学の世界ではもう一方で、全体論（ホーリズム）という考え方もあります。全体をいくつかの要素や部分に分けても、「全体は部分の総和以上のものである」、つまり、全体とは単なる要素や部分の寄せ集めではなく要素や部分を全部合わせたもの以上の意味を持っているという考え方です。河合隼雄さん（2011）は、「分けられないものを分けてしまうと、何か大事なものを飛ばしてしまうことになる。その一番大事なものが魂だ」と述べておられます。

　私は大学では生徒指導を専門にしていますが、児童生徒理解や生徒指導上の問題について「魂」を見失わずに理解を深めるためには、全体論の考え方も忘れてはいけないと考えています。

　ですので、チェックリストの上手な使い方というのは、マニュアル的に項目に忠実に点検するのではなくて、リストに目を通していくつかのイメージを思い浮かべておき、そのうえでリストから離れて、一個の人間としての子どもに丸ごと向かい合っていくことだと思います。アナウンサーの杉山邦博さん（1992）

の著書に出てくる逸話ですが、戦後の将棋の世界を牽引された
大山康晴さんは、「対局された棋譜（対局の手順の記録）は覚
えておられるのですか？」という質問に対し、「覚えて、そし
て忘れる。」と答えられたそうです。そして大山さんは、将棋
を指している途中で、「明鏡止水の心で盤面を見つめていると、
ふと、忘れていた過去の棋譜がよみがえり、大局を制する重大
な一手のヒントを与えてくれた。」と話されたそうです。

　チェックリストも、「覚えて、そして忘れる」という使い方
でいいのではないかと私は思います。項目・観点にとらわれす
ぎると、それ以外の兆候を見落としてしまうことにもなりかね
ません。また、全体論という考え方を踏まえるならば、たとえ
どういう項目・観点で気になったのかは説明できなくても、「何
となく気にかかる」という感覚を大切にすべきだと思います。
森田洋司先生（2016）は、ＢＰ（いじめ防止支援）プロジェ
クトの研修会で、たとえ軽微なことであっても先生方が「あ
れっ？」と感じるちょっとした違和感をやり過ごさないことが
大切であると指摘しています。これは、保護者の方々にもあて
はまると思います。

　それから、チェックリストに関連して、もうひとつ、述べて
おきたいことがあります。「チェックする」という考え方は、
いじめや自殺には必ず何らかのサインやメッセージがあるとい
うことを前提にしています。けれども、明確なサインやメッセー
ジがない場合もあるということも、頭の片隅に置いておく必要
があると私は思っています。

　先に紹介した文部科学省の『教師が知っておきたい 子どもの
自殺予防』のリーフレットの表紙には、「自殺が現実に起きて
しまう前に子どもは必ず『助けて！』という必死の叫びを発し

ています。」と書かれています。前後の文章を合わせると、何としても子どもの叫びに気づき自殺を防ぎたいというのが趣旨の訴えであり、そのことには私も何の異存もありません。けれども、本当に「必ず『助けて！』という必死の叫びを発しています。」と言いきれるのだろうかとは思います。大切な家族を、友人を、あるいは教え子を自殺で失った人たちは、それまでまったく何も感じていなかったわけではないにしても、むしろ、命を絶ったという報を受けた際には「まさか」という思いで絶句されることのほうが多いのではないでしょうか。実際に自殺で家族を失った知人が私にもいますが、それでなくても「救えなかった自分」に苦悩しているのに、「サインは必ずある」などという主張は、追い打ちをかけるだけだと思います。

　加藤和彦さんのファンだったある方は、ブログに「私も、あの笑顔に騙されてしまった多くの一人です。だからこそ、忘れたくないのです。だって大好きなんですもの。」と書いておられました。私も加藤さんの笑顔に、あるいは桂枝雀さんの笑顔に「騙されてしまった」一人です。たとえ身近にいた人であっても「騙されてしまう」ことはあるのではないかと思います。だから、他者の苦悩、教え子や我が子の苦悩をキャッチすることは本当に難しいことなのだと考えておいた方がいいのではないかと私は思います。

　文部科学省も、『教師が知っておきたい　子どもの自殺予防』のマニュアルの「第7章 自殺予防に関するＱ＆Ａ」では、明確なサインがない場合もあると述べています。「自殺が起きてしまいました。できる限りの努力をしていたつもりでしたが、決定的なサインを見逃したのは私の責任ではないかと自分を責めてしまいます。」という質問に対し、「何のサインにも気づかず

に、青天の霹靂のように自殺が起きることもあります。あるいは、薄々、子どもの最近の行動の変化に気づいていたり、明らかに心の病があって、家族や精神科医療機関と連携をしながら、子どもを一生懸命に見守っていたのに、自殺が起きてしまうこともあります。」という回答が書かれています。

　「いじめによる自殺」事案があると、「サインを受けとめない、アンテナの鈍い教師」という見方が世間に流布されることが多いように思います。もちろん、些細な兆候でも見逃さないという姿勢は大切ですし、実際に教師の思慮が欠け、丁寧に関わることをしなかった結果、みすみすサインを見落としたのであれば、そんな対応は厳しく問われるべきです。けれども、子どもの苦悩に気づけなかったことを、「教師の不注意」のせいだけにできない場合もあるのではないでしょうか。ことはそんなに単純ではないと私は思っています。

　人が「なぜ死ぬのか」という問いは、人が「なぜ生きるのか」という問いと表裏の関係であるはずです。そうであるなら、「あなたはなぜ生きているのですか」という問いに対して原因・理由・目的・根拠などをそんなに簡単に説明できないのと同じで、「なぜ死を選んだのか」という問いも、実は当事者自身でさえ簡単に説明できないのではないかと思います。私自身も、これまでの人生で「死んでしまいたい」と思ったことが一度もなかったわけではありませんし、改まって「あなたはなぜ生きているのですか」と問われたらすぐに言葉が出てくるわけでもありません。皆さんもそうではないでしょうか。

　ある精神科医は、自殺した患者さんが、直前まで、仕事や旅行などの今後の予定を周囲と話していることはむしろよくあることだとおっしゃっていました。自殺した方も、その瞬間の直

前まで、生と死の狭間で揺れているというのがむしろ「ほとんど」なのではないかと私は思います。それを、他者が訳知り顔で、自分の主張したい理屈を裏付けたいがために、「学校の対応のせいだ」「親が無理解だったからだ」などと単純な因果関係で評論することは、「死のうか、生きようか」と最後まで揺れ動いた当事者の方の「生」と「死」の物語を踏みにじるものだと私は思います。そんな無責任な評論家的な主張が、私は好きではありません。

　自殺という問題は、本当に難しい問題だからこそ、「誰が悪いのか」「誰の責任なのか」と問題や責任を押し付け合うのではなく、先生と保護者、さらにはスクールカウンセラーや地域住民など、子どもを見守る大人がスクラムを組むことがとても大切なのだと思います。

（5）被害者にさせないために

　我が子を被害者にも加害者にもさせたくない…、親であれば、誰もがそう願うだろうと思います。それでは、そのために私たちはどのように子どもに関わればよいのでしょうか。まずは、子どもを被害者にさせないために何ができるかを考えたいと思います。

　いきなり身も蓋もない言い方になってしまいますが、我が子を被害者にさせない方法はないだろうと思います。なぜなら、第1章で述べたように、スケープゴートを必要とする加害者が標的として一人の子どもを選ぶ理由・根拠は何でもいいからです。また、加害者が自己肯定感を得るために、あるいはねたみや嫉妬から誰かを標的にする場合も、「ウザイ」「むかつく」理由・

根拠は、言いがかりに近いものが多いからです。ある女優さんは、「授業中に積極的に発言する」ことを理由に仲間はずれにされました。木村拓哉さんも「カッコいい」ことを理由に暴力を振るわれたと聞いたことがあります。だからといって、子どもに「目立たないようにさせる」という話にはならないですよね。

　また、子どもさんが「内気」「控え目」「遠慮がち」な性格だった場合は、くやしさ、もどかしさから、つい我が子に「そんなことだから…」と言ってしまうことがあるかもしれません。けれども、日本ＰＴＡ全国協議会の『今すぐ！家庭でできるいじめ対策ハンドブック』にも書かれているように、「いじめられている子に『だからいじめられるんだ！』とさらに追い詰める」のは禁物です。なぜなら、そんなことをしたら、「もう十分傷ついているお子さんの心をさらに傷つけてしまう」でしょうし、「親に相談しても無駄だと判断され、二度と相談してくれなくなる可能性」があるからです。

　我が子を被害者にさせない方法はない…、けれども、大人がスクラムを組んで子どもを加害者にさせない取組を進めれば、結果的に我が子が被害者になる危険性も少なくなるでしょう。我が子を加害者にさせないという問題については、この次に考えてみたいと思います。

　それから、子どもがいじめ被害にあっても深刻化しないように大人が介入するための方法はあります。それは、子どもがいじめに遭ったときに親や先生にＳＯＳを出せるように、子どもとの信頼関係を築き、子どもにＳＯＳの出し方を教えるということです。

　文部科学省の「児童生徒の自殺予防に関する調査研究協力者

会議」は、2014年に『子供に伝えたい自殺予防（学校における自殺予防教育導入の手引)』をまとめました。手引きでは、学校における自殺予防教育の目標として、「早期の問題認識（心の健康)」と並んで「援助希求的態度の育成」があげられています。援助希求的態度とは、困難に直面したときに遠慮したりためらったりせずに他者に援助を求める態度のことです。そして、このような動向を踏まえ、近年は学校における「ＳＯＳの出し方教育」の重要性が叫ばれ、たとえば東京都教育委員会（2018）は、『ＳＯＳの出し方に関する教育を推進するための指導資料』を作成しています。

これらの資料は、保護者の皆さんにとっても、参考になるのではないかと思います。ただし、子どもたちは簡単には大人（親や教師）にＳＯＳを出してはくれません。そのあたりの問題については、後ほど触れたいと思います。

（6）加害者にさせないために ～事前の対応～

次に、我が子を加害者にさせないための親としてのかかわり方について、事前（いじめが起きる前）と、事中（いじめを行った時）と、事後（いじめを見つけ止めさせた後）に分けて考えてみたいと思います。まずは事前から。

先に述べたいじめ加害の心理とメカニズムは、ストレス回避のために発動されることがあります。であるならば、親として、過度のストレスを生まない、子どもが安心できる家庭環境をつくること、強いストレスが生じている場合はその解消を図ることが大切だということになりますね。

ただし、そう書いたものの、先ほど、今日（2018年6月5日）

の徳島新聞の朝刊の記事を読んでいて、途端に、私の心の中の
もう一人の自分が「"ストレスを生まない家庭"なんて何を綺
麗ごと言っているんだ」と騒ぎ出しました。その記事は、共同
通信の記者の方による「あの日から10年 秋葉原無差別殺傷事
件と私」という特集記事です。記者の山口祐輝さんは、実は、
2008年の秋葉原の事件の犯人の弟さんと親友の関係だったそう
です。事件後、「加熱する報道や世論に対し、彼は説明責任が
あると気負っていた」のか、弟さんは、週刊誌のインタビュー
に応じ、家庭環境にも触れました。すると、「教育熱心な母親
の厳しいしつけが、子どもの人格形成に少なからぬ影響を与え
たのではないかと指摘された」そうです。そんな中で、弟さんは、
「同じ環境で育った自分がまともに生きていくことで、親のせ
いで事件が起きたわけではないことを証明したい」と繰り返し
語ったそうです。

　人間の不可解さ、人生の不条理を見つめようとしない者は、
きっと、不可解・不条理を誰かのせいにしたいのだと思います。
弟さんの言葉は、そんな評論・世論に対する精一杯の異議申し
立てだったのではないかと思います。確かに親の養育態度は子
どもの人格形成に何らかの影響を与えるでしょう。一時期、「母
原病」なる言葉が流行ったことがありました。子どもの心身の
病気・異常は母親の育児が原因で起きるという考え方です。け
れども、養育態度と人格形成の関係は、決して単線的な因果関
係で説明できるものではありません。世の中には親の「教育熱
心」「厳しいしつけ」ゆえに聡明で立派な人間に育った子ども
もいるでしょう。そう考えると、先に「ストレスを生まない家
庭環境」と書きましたが、あらゆるストレス（≒親の子どもに
対する期待・願いゆえに子どもにかかる負荷）を否定するのも

違うと思います。私は教職をめざす学生たちに「優しくて厳しい先生」という言葉をいつも示していますが、子育てにおいても、私たちは「優しくて厳しい親」として、「過度なストレス」に注意しつつ「ほどよい負荷をかける」ような態度を模索していくことが重要なのではないかと思います。

　話を家庭（の雰囲気）の大切さに戻します。家庭すなわち「ホーム」とは、先にご紹介した「依存と自立のサイクル」の考え方からすると、信頼・安心できる場でエネルギーを補給して再び頑張っていくための「安心基地」として重要な場です。特に幼い子どもにとっては、お母さん的な存在がいて安心できる「ホーム」は不可欠な場です。何年か前に新聞記事で読んだ覚えがあるのですが、ご両親が何らかの事情で、どうしても幼い子どもさん（３歳くらいでしたでしょうか）を残して何日か家を空けることになり、用件を済ませて帰宅したところ、子どもさんが、用意しておいた食べ物には一切手を付けることなく、タンスから引っ張り出したお母さんの洋服にくるまって衰弱死していたという出来事があったように思います。本当に胸が痛くなります。「ホーム」の大切さを痛感させられます。

　考えてみれば、学校教育における学級も「ホームルーム」と呼ばれます。先生方は、児童生徒たちにとっての「ホーム」となるようなクラスづくりをめざしておられるわけですね。

　重松清さん（2002）の短編『卒業ホームラン』も「ホーム」をテーマにした小説です。加藤徹夫・佳枝・典子（中２）・智（小６）の４人家族の物語で、父親の徹夫は息子の智が所属する少年野球チームの監督です。しかし、智はレギュラーになれません。一方、中学２年生の典子は反抗期で、冬期講習のお金を使いこんだ典子を徹夫が「来年は受験なんだぞ」と叱ると、典子は徹

夫を憐れむように「頑張ったって、しょうがないじゃん」「頑張ったら、何かいいことあるわけ？　その保証あるわけ？」と反論します。そして、言葉に詰まる徹夫に、まるで幼い子どもに諭すような口調で「ないでしょ？」と言います。智は毎日の練習でひたむきに頑張っていますが、レギュラーになれません。だから徹夫は、言葉に詰まったのでしょう。

「努力が大事で結果はどうでもいいって、お父さん、本気でそう思ってる？」

「勉強すれば絶対にいい学校に入れる？　いい学校に行けば絶対に将来幸せになれる？　そんなことないじゃない。みんなそれ見えてるのに、とりあえず努力しますとかって、なんか、ばかみたい。」

やがて、智たちのチームの最後の試合の日を迎えます、徹夫は智を使うかどうか迷いますが、結局、最後の試合も出場させませんでした。

「後悔はしない。勝つためにベストを尽くしたのだ。それでも…おれは智の父親として、この監督のことを一生許さないだろう。」

試合後、徹夫は智に声をかけます。

「中学校に入ったら、部活はどうするんだ？」

「野球部、入るよ。」

「でもなあ、レギュラーは無理だと思うぞ。はっきり言って…。」

そのとき、智は徹夫が思いもしなかった言葉を返します。

「いいよ、だって、僕、野球好きだもん。」

徹夫は、「一瞬、言葉に詰まったあと、両肩から、すうっと重みが消えていく」のを感じます。それは、「拍子抜けするほ

ど簡単な、理屈にもならない、忘れかけていた言葉」でした。

「ピンチヒッター、加藤！」

徹夫は、智を促し、バッターボックスに入らせます。そして、智が少年野球を卒業するにあたってのイニシエーション（儀式）を行います。

「三球勝負だぞ」

マウンドに立った徹夫は、「野球が大好きな少年への礼儀」として全力投球します。１球目、２球目は空振り。

「しっかり見ろ！」

そして３球目、ボールはなんとかバットに当たりました。打球はフライとなり、センターの守備位置に入っていた母の佳枝の前にポトリと落ちます。

「ホームラン！」

佳枝が叫びます。

儀式を終え、帰り支度をしていると、佳枝が「あ」と土手のほうを向いて声を上げます。この日の模擬テストをさぼった典子が、土手の上から見つめていたのです。

徹夫は、「ホーム」ベースという言葉をつくった誰かさんに「ありがとう」と言いたい気分になります。そして徹夫が心の中でつぶやく次の一節が、私は大好きです。

家 ― だ。野球とは、家を飛び出すことで始まり、

家に帰ってくる回数を競うスポーツなのだ。

ホームから出てホームに戻る…、「依存と自立のサイクル」に通じていますね。

人は、「ホーム」があり、そこで「無条件に誰かに愛されているという確信がなければ、誰かを愛することが難しい」のかもしれません。

第 2 章　親といじめ

　2016 年の 8 月に、徳島で、日本ＰＴＡ全国研究大会が開催されました。その第 4 分科会（人権教育）で私はパネラーを務めましたが、分科会の基調講演で、元小学校教諭の福永宅司さんが、一人芝居『君をいじめから守る』を演じてくださいました。私が最も印象に残ったのは、いじめ加害者であった秀が、自分の生きづらさを告白する場面でした。秀は、自分の息子をいじめ自殺で失った宗像さんに本気で叱りつけられ、健（秀がいじめた相手）に心から詫びます。そのうえで、秀は、自分の心の内を宗像さんに吐露します。

　「でも、所詮、こいつら勝ち組だろ、おれっちは負け組。おじさん、中学で部活やめて、ぜんぜん勉強できないやつは、無視だ。おじさん、無視はつらいだろう？」

　秀は、悔しさに身を震わせながら話します。

　「だから、おれたちみたいなケンカの強い奴らは、最後に残されたチャンスがあるんだ。悪いことするんだよ。悪いことしたら、生徒指導の先生、相手してくれるし…。おれたちの先輩の暴走族、わざとみんなが迷惑する時間に走り、オレたちはコンビニの前で座る。決して山の中じゃ座らない。」

　そうすれば、大人たちは（たとえ白い目でではあっても）見てくれると言うのです。そして秀は、自分や仲間の家庭を語ります。

　「誰も最初から、シンナーやろうとか覚せい剤やろうとか、リストカットしようとか、人をいじめようとか、そんなこと思ってはりきって生まれる子なんかいないんだ。みんな幸せになろうと思って生まれてくるんだ。くそ、でもこいつらは、家帰ったら、『おかえりなさい』と言ってくれる人がいて…。おれっちの仲間なんか、生まれてすぐ、母親からたばこの火

84

つけられて…、そんなんばっかりだぜ…。勝負ついているん
だろう、勝負…。」

　秀のいじめ加害は決して認められるものではありません。け
れども、もしも秀に、安らぎの得られる「ホーム」があったなら、
ひょっとしたら秀はいじめなどしなかったかもしれませんね。

　文部科学省（2010）の『生徒指導提要』には、生徒指導は、
教師と児童生徒の「愛と信頼に基づく教育的関係」が成立して
いなければその成果を上げることができないため、「児童生徒
に対する共感的理解」が求められると示されています。そこで、
私が担当している学部の授業「生徒指導論」での試験で、「児
童生徒との『信頼関係』や『共感的理解』に関して、あなたの
体験を具体的にあげながら、重要だと思うポイントを述べなさ
い。」という問題を出したことがあります。その回答のひとつに、
こんな回答がありました

　答案には、その学生がある幼稚園の先生から聞いた「友だち
に意地悪をしてしまう女の子の話」が書かれていました。第1
章でも少し触れた事例です。AちゃんはBちゃんと仲良しで、
楽しそうに一緒に遊びます。ところが、BちゃんがCちゃんと
遊んでいると、Aちゃんは、それが気にくわないため、Cちゃ
んをのけものにするという行動が見られました。そこで、その
先生はAちゃんに注意したのですが、その際に、「先生はAちゃ
んのこと大好きだよ。」と優しく声をかけました。すると、今
まで強がっていたAちゃんは、途端に涙が溢れ出て大泣きした
というのです。

　このエピソードについて、この学生は、「人間は年齢に関係
なく、無条件に誰かに愛されているという確信がなければ、常
に不安で、誰かを愛することが難しいのではないかと思った。」

と書いていました。

　そうであるなら、他者をいじめたりせず他者を大切にする子どもを育てるために私たち大人が親として教師としてなすべきことは、「いじめはいけない」と説教することよりも、中島みゆきさんの名曲「誕生」（作詞：中島みゆき、作曲：中島みゆき）の歌詞を借りるならば、「生まれてくれて Welcome」と言い続けることであるのかもしれませんね。

（7）加害を止めるために ～事中の対応～

　次に、我が子がいじめ加害を行っていることが発覚した際に、どのように対応すればよいのかを考えてみたいと思います。

　当たり前のことですが、まずは何より、親も教師も、いじめは絶対に認めない、許さないという姿勢を示すことが必要です。日本ＰＴＡ全国協議会の『今すぐ！家庭でできるいじめ対策ハンドブック』にも書かれているように、「ダメなものはダメと言える大人」として壁になるということです。

　壁になるということの意味は、二つあります。ひとつは、被害者を守るため、もうひとつは、加害者を守るためです。前者はともかく、後者の「加害者を守る」ってどういう意味なのかと思われるかもしれませんが、第１章を思い出してくだされば
おわかりいただけると思います。いじめ加害の心理は、「スケープゴート」「嫉妬」などの問題と関連していました。そして、それらの問題は、いくら標的をいじめたところで本質的には解決しないですし、それどころか、いじめを続けることで、その子どものパーソナリティはどんどん歪んでいきます。だから、その子の心の闇がさらに深まっていくことを防ぐためにも、人

としての堕落、人格の崩壊を防ぐためにも、大人は壁になって全力でいじめをやめさせなければいけないわけです。

それから、「ダメなものはダメ」という言葉も、実は深い意味を持っています。河合隼雄さん（1978）が、カウンセラーとして、多くの男性と性関係を持つ女子高校生と面談した時のことです。その生徒は、自分のしていることがどうして悪いことかわからない、自分は自分の好きなことをしているだけで誰にも迷惑をかけていないのにどうしていけないのかと言います。「好きなものの関係が不純で、好きでもない関係だのに夫婦であれば純粋というのか、とつめよられてたじたじとなった高校の先生もある」と河合先生は書いておられます。河合先生は、とりあえず彼女の話を熱心に聴きます。そして、彼女の話がひととおり終わったときに、こうおっしゃいました。

「世の中で、してはならないことには二種類あって、説明がつくのと、理屈ぬきで悪い、というのがあります。あなたのしていることは後者のほうで、ともかく理屈抜きで絶対にやめるべきです」。

この女子生徒は、それ以来、男性関係を断ったそうです。見事だと思います。河合先生は「悪いこととか、してはならないこと、に対しては必ず理由をつけて説明しなければならないというケッタイな教育をだれが彼女にしてきたのであろう、と思ったことであった。」と述べています。

大阪府教育委員会による 1986 年の教育相談研修講座での、臨床心理学者の川上範夫さんの講演も、私は強く印象に残っています。「理屈で叱る」のではなく「気合で叱る」ことが重要だというお話でした。たとえば、子どもがタクシーのシートに靴を履いたままのぼったとき、「運転手さんが怒るからやめな

さい」と叱るのでは「運転手が見ていなければいいのか」という理屈を生み出すので、「閻魔さんが怒るよ」「お天道さん（おてんとさん＝太陽）が見てるよ」と、理屈ではなく超越的な力、気合いで叱る方がよいと川上先生は話されました。河合先生や川上先生の言葉から、「ダメなものはダメ」という大人の態度の深い意味がおわかりいただけたのではないでしょうか。

　さらにもう一点、「なぜいじめたのか」「相手はどんな気持ちだと思うか」などを考えさせることはとても大切で、それについては次の項で述べますが、いじめが発覚した直後は、とにかく「ダメ」ということを毅然と示すことに絞り込み、性急にいじめをした理由を問い詰めたりしないほうがいいと思います。なぜなら、たいていの場合、その問いに対する答えは、「そのときに初めて考えた答え」だからです。

　コラムニストの小田嶋隆さん（2018）は、ご自身のアルコール依存症の経験についての著書の中で、「まず『飲んじゃった』が先にある」と書いています。どうしてアルコールに依存するようになったのかという質問に対する「仕事のストレス」「離婚のショック」等の答えは実は「後付け」の理由で、本当は、「まず、飲んじゃった」ということがある、それなのに、「みんな理由を欲しがる」というのです。確かに、いじめ加害の心理にも、それなりの背景はありますが、加害者にとっては、いじめ加害は、「衝動」としかいいようのない説明できない力に翻弄されたことによる行為だというのがその瞬間の実感だと思います。「衝動」の意味を考えさせることには、とても時間がかかります。だから焦ってはいけないのです。大切なことだからこそ、簡単にわからせようとしない、簡単にわかろうとしない…。精神医学者の土居健郎さん（1992）は、詩人のジョン・キーツの

「negative capability」、すなわち「不確かさ、不思議さ、疑いの中にあって、早く事実や理由をつかもうとせず、そこに居続けられる能力」という考え方を紹介しながら、精神科医としての面接の際でも、簡単にわかろうとしないことが重要であると述べています。

（8）加害を反省し成長させるために ～事後の対応～

最後に、いじめ加害の事後の対応について考えてみたいと思います。

事中の対応で、まずはいじめ行為は絶対に認められないということを示し、加害が隠れたところで続いていないか、あるいは加害が繰り返されていないかを見極めたうえで、次に、事後の対応として、私たちがなすべきことは、子どもにいじめ加害行為を振り返らせ、その行為の意味を考えさせ、豊かな人間に成長していくような内省を促すことでしょう。

教師の知恵のひとつに、「非行は宝」という考え方があります。非行がどうして宝（大切なもの）なのかと、いぶかしく思われるかもしれませんね。これは、同和教育・人権教育を推進してきた教師たちの間で生まれた考え方です。学業不振や問題行動を正邪善悪の価値判断だけで断罪するのではなく、その背景にどんな状況（どんな差別の実態）があるのかを把握し、「生きづらさ」に寄りそう中でこそ、その児童生徒の本当の意味での変容・成長が生じるという考え方です。そこにあったのは、問題行動とは教師に児童生徒理解のヒントを与えてくれる大切な出来事であると捉える態度です。「背景を読む」と表現されることもあります。たとえば暴力・喫煙・万引きなども、「ダメ

なことはダメ」と示したうえで、教師はその背景にある児童生徒の「生きづらさ」にも焦点を合わせて、反省と立ち直りを支援していこうとするのです。

しかしながら、いじめという問題行動に関しては、「社会問題化への過剰対応」と私は呼んでいますが、「人間として絶対に許されない」などと身も蓋もなく断罪する論理がまかり通ってしまう傾向があります。

◆いじめの加害児童生徒に対する成長支援の観点から、加害児童生徒が抱える問題を解決するための具体的な対応方針を定めることも望ましい。

◆いじめの背景にあるストレス等の要因に着目し、その改善を図り、ストレスに適切に対処できる力を育む観点が必要である。

◆いじめ加害の背景には、勉強や人間関係等のストレスが関わっていることを踏まえ、授業についていけない焦りや劣等感などが過度なストレスとならないよう、一人一人を大切にした分かりやすい授業づくりを進めていくこと、学級や学年、部活動等の人間関係を把握して一人一人が活躍できる集団づくりを進めていくことが求められる。

そんな問題点を意識されたからだと思いますが、文部科学省は、2017年に改定した『いじめの防止等のための基本的な方針』の中で、「加害者への成長支援」ということに言及しています。

このような文部科学省の考え方を踏まえ、私が2017年にまとめた鳴門教育大学いじめ防止支援機構リーフレット『学校現場で役立ついじめ防止対策の要点』では、「加害者への禁止の指導から成長支援へ」という項目を設けました。いじめの事中の「禁止の指導」から、いじめの事後の「成長支援」へという考え方は、保護者の方々にも是非、参考にしていただきたいと

思います。

　ただし、いじめた子どもの反省・成長は、そんなに簡単に展開していくものではありません。

　いじめたことは悪かったと認め始めても、最初のうちは加害者が「でも、あいつも…」という思いを持ち続けていることはよくあることです。「いじめられる側にも問題がある」という子どもの主張は絶対に認めてはいけないと先に述べましたが、確かに、いじめられる側に「問題」はないけれども「きっかけ」がある場合はあります。たとえば、小説『青い鳥』では、いじめ加害の中心だった井上くんが、こんなことを口にする場面があります。

　「俺ら、ほんとに野口のこといじめてたのかなあ。俺、マジ、そんなつもりなかったんだよ。欲しいもの言えば、あいつ、なんでも持ってくるから…だから欲しいものをどんどん言っただけで、無理やり持ってこさせたとか、脅してたとか、そんなことしてないんだよなあ…そういうのって、いじめになるのか？　おまえ頭いいし、将来弁護士になりたいんだろ？だったらわかるだろ、これって、いじめか？」

　話を振られた園部くんは、「さあ……」と首をかしげます。

　「野口もさ、俺らの仲間に入れてもらえて、けっこう喜んでたような気もしねえか？」

　園部くんは、物語の後半で、村内先生に

　「あいつね、笑ってたんですよ。笑いながら、やめてくださいよお、とか言ってたんですよ。本気で嫌だって言って、本気で断れば、ぼくらもわかったんですよ。…俺もバカだけど、野口もバカだと思いません？」

と言いますね。このときも園部くんはこう答えます。

「…笑ってたよな、あいつ」

「だろ？だろ？　いじめられてるって感じじゃなかったよなあ」

　井上くんの「これって、いじめか？」という言葉に象徴されるような、「ぼくも悪かったけど、あいつも…」という堂々巡りから抜け出すためには、「いじめであるかどうか」という抽象的な議論に陥ることを避けて、どこまでも具体的な言動に即して、その行為が相手にどんな苦痛を与えているかという点に焦点を当てて子どもにかかわることが大切です。村内先生が言うように、野口くんも「笑いながら泣いていた」のですから。児童が多額の金銭を要求されたいじめ事案がありましたが、「相手がくれたから…」と弁解する子どもに対し、ある弁護士さんが「じゃ、どうしてくれたのだと思う？」と問うと、「…ぼくたちが怖かったからだと思う」と答えたそうです。このような「事実を振り返らせ考えさせる指導・しつけ」が加害者の内省につながるのです。

　最後にもうひとつ、私が自分自身の加害経験と向き合うことができるようになるまで30数年の月日を要したように、子どもがいじめの意味を本当に理解するためには、相当の時間を必要とします。なのに、大人が焦って、大人の理屈を性急にわからせようとすると、子どもは反発したり、それ以上考えようとしなくなってしまう危険性があります。学校教育においても、私は「パン種を撒く生徒指導」と表現を用いることがあります。パン種とは、パン粉の発酵を促す酵母のことですね。親や教師にできるのは、子どもが自ら考え、内省し、成長していくためのパン種を撒くことなのかもしれません。そして、発酵には寝かせておく時間が必要だということも忘れてはいけないと思い

ます。私の父親は、私を被害児童の家に連れていって、私を殴りつけましたが、帰り道、「おとうちゃん、何て怒りはるやろ…」とうなだれてトボトボ歩く私に、父親は何ひとつ説教をしませんでした。今振り返ると、そのことで私はずいぶんと救われたように思います。また、そのことで私は、時間はかかってしまいましたが、自分の問題として考えることができたように思います。私の父親は道楽者で、真面目に仕事をしない人だったので、私が高校2年のときに両親は離婚し、父親は家を出ていきました。その後は数年に一度会うだけで、2015年に亡くなりました。今回、この本を執筆させていただく中で、私のいじめ加害のことや父親の対応を思い出し、立派とはとても言えないデタラメな父親ではありましたが、私の人格形成に大きな影響を与えてくれた存在であったことに気づきました。先日、大学から宿舎に帰る車の中で、あのシーンがよみがえり、長い間、口にすることのなかった「おとうちゃん…」という言葉が心の中によぎった瞬間に、堰を切ったように涙が溢れました。

　個人的な話になってしまい、申し訳ありませんでしたが、親の対応は子どもに親の思惑以上に深い影響を与えるということ、だからこそ子育ては難しくもあり生き甲斐でもあるということを、皆さんと共有できれば嬉しく思います。

2 いじめと自立

(1) 親子の距離

　図5は、日本ＰＴＡ全国協議会の平成29年度「楽しい子育て全国キャンペーン」の三行詩コンクールの中学生の部で文部科学大臣賞を受賞した、福岡市の井上環さんの作品です。「さがして見つけて」おきながら「目をそらす」というのは、親に対する中学生くらいの子どもの心理を端的に表していますね。子どもと大人の中間の時期を生きる中学生や高校生は、「まだ

図5　三行詩 中学生の部 文部科学大臣賞受賞作品

子どもなんだから」と「もう子どもじゃないんだから」とを使い分ける大人（親や教師）に身勝手さを感じているかもしれません。でも、大人からすれば、「まだまだ幼いなあ…」と「ずいぶんと成長したなあ…」のいずれも偽りのない実感だと思います。また、子ども自身も、「親に見ていて欲しい」と「親に甘えている姿を見られるのは恥ずかしい」のいずれもが正直な気持ちだと思います。小学校の授業参観でしたら、親の姿を見つけ、笑顔で「ママ！」「パパ！」と手を振っていたでしょうが、思春期・青年期の親子の距離の取り方は、子どもにとっても親にとっても、結構ナイーブな問題ですね。

（2）自立と秘密

　第1章でも触れましたが、アニメ『魔女の宅急便』のキキは、物語の途中で「飛べなくなる」というピンチに直面しました。飛べない魔女はもはや魔女ではありませんし、飛ぶ力を失うことは宅配の仕事ができなくなる (≒ 社会参加ができなくなる) ことを意味します。キキの苦悩は深かったでしょうね。おまけに、何とか飛ぶ力を取り戻そうと練習しているうちに、ころんで、お母さんから譲り受けた魔女のほうきも折れてしまいます。そんな思春期危機（シャレではありませんが…）の中にあって、キキは、両親にもおソノさんにも相談していません。決して「信頼していないから」ではありませんね。キキのお母さんとお父さんは物語の冒頭に少しだけ登場しますが、キキを心から愛し大切にしていますし、キキもそんな両親が大好きです。また、居候させてもらっているパン屋のおソノさんのこともキキは頼りにしています。では、どうして相談しないのでしょうか。そ

れを考えるヒントになるキーワードは「自立」だと思います。

　子どもたちにとって、安心基地としての親や家庭の存在は大切なものですが、年齢に応じて、徐々に親から距離を置き、自立した大人になっていきます。映画「スタンド・バイ・ミー」の男の子たちの「木の上の秘密小屋」の意味についても先に述べましたが、「親から自立する」ということを「親が見ていなくてもやっていける」と言い換えるとわかるように、自立とは、親が知らない場で生きること、親の手を借りずに問題を解決することです。親離れできない子どもはいつまでも子どものままですし、子離れできない親がいつまでも子ども扱いし続けると子どもは永遠に子どものままです。

　もうおわかりですね。キキが両親やおソノさんに相談しなかったのは、「自立」という課題に直面しているからですね。だから、「飛べない」ということは大人にはずっと「秘密」にしていたわけです。おそらく、キキの両親は、最後までキキのピンチを知らなかっただろうと思います。ただし、具体的には知らなくても、キキのことをいつも思い起こし、いろんな苦労があるだろうけれども、もはやお母さんもお父さんも手出しできないけれども、どうか無事に立派に大人になって欲しいと願っていたはずです。だから、やがて届いたキキの手紙に書かれていた

　　「お父さん、お母さん、お元気ですか。私もジジもとても
　　元気です。仕事の方も軌道に乗って少し自信がついたみたい。
　　おちこむこともあるけれど、私、この町がとても好きです。」
という言葉から、キキが一人前の魔女になるために苦しんでいることを察し、涙しながらも、「いつでも帰っておいで…」という言葉をぐっとこらえて、祈る思いで見守ったのではないで

しょうか。自立は、子どもの踏ん張りと親の踏ん張りの共同作業で実現できるものなのだと私は思います。

ただし、キキは大人には相談しませんでしたが、親友のウルスラには悩みを打ち明けています。思春期・青年期の安心基地は「お母さん的存在」ではなく「仲間」でした。だから、思春期・青年期においては、「相談相手は親ではなく親友」になるわけですね。皆さんが中学生や高校生だったときも、きっとそうだったのではないかと思います。ウルスラは、一人で森に住む、キキより少しだけ年上の画学生です。ウルスラはキキをモデルにスケッチしながら、「私も描けないときがあったよ」とつぶやきます。「飛べない魔女」と「描けない画家」、自分のいちばんの持ち味の能力を見失うということです。そして、ウルスラは、そう言いながら、今はスラスラとスケッチブックに鉛筆を走らせているのです。キキはきっと勇気づけられただろうと思います。

図6　キキと町の女の子

「親と距離を置く」ということに加えて、「自立」のもうひとつの側面は、「自分らしさを確立する」ということです。キキは、飛べなくなる直前に、初めて、魔女であることの自負が揺らぎ始めます。図6は、あることがきっかけで、憮然とした表情でキキが町を歩いている一コマです。キキは、自己については「魔女の血を引くという出自への誇り」を持ち、他者については「いろんな人と出会いたい」と考えていました。心理学における「交流分析」という考え方では、「私もOKであり、他人もOKである」ということです。けれども、この場面では、上から下まで真っ黒の魔女の服について「イヤんなっちゃう」とつぶやくなど、自己については「黒づくめの地味な服への引け目」を感じ、他者については「町の女の子たちは軽薄」と怒りを感じています。「私はOKでなく、他人もOKでない」ということです。ちなみに、キキの服装の「黒（≒闇）」と女の子のバッグの「ひまわり（≒光)」の対比も象徴的ですし、キキはすれ違う女の子たちを無視していますが、黒ネコのジジ（もう一人のキキ？）はじっと見つめていることも意味深ですね。

このように、思春期・青年期は、自分に対しても他者に対しても「OKである」と「OKでない」の間で揺らぎながら、自分らしさを確かなものにし他者と共に生きていく在り方・生き方を模索する時代です。そして、そのプロセスに大人が手助けをすることを子どもは基本的には望みません。自立という課題に大人が介入するのは難しいこと、自立とは親に知らせずに秘密にすることと関係していること、大人がむやみに介入しては自立は実現できないこと、それが私がここで言いたかったことです。

『魔女の宅急便』の最後の場面で、キキは劇的に「飛ぶ力」

を取り戻します。いや、「取り戻した」のではありません。お母さんからもらった魔女のほうきは折れてしまったので、町のおじさんからデッキブラシを借りて、キキは飛びました。「お母さんの力を借りずに初めて自力で飛んだ」わけですね。そして、大切な仲間のトンボを何としても救いたいという状況が、キキの「飛ぶ力」を回復させたということですね。

（3）いじめへの大人の介入への抵抗

　自分が直面している問題への大人の介入を快しとしない心理は、当然のことながら、いじめ問題においても生じます。「○○ちゃんがいじめた」などと、子どもが人間関係のトラブルを大人（親・教師）に訴えるのは、小学校低学年・中学年までだと思います。思春期・青年期に入った子どもは、「同世代の仲間づくり」と「大人からの自立」という難しい「連立方程式」、つまり、大人の介入や援助なしに自分（たち）の手で友人関係を構築するという課題に直面するからです。だから、この時期の子どもは、いじめ被害にあっても、「わかって欲しい」と「知られたくない」の葛藤、「助けて欲しい」と「手を出して欲しくない」の葛藤を抱えている場合が少なくありません。

　このような葛藤を見事に描いているのが、重松清さん（1999）の小説「セッちゃん」です。主人公は中学2年生の高木加奈子です。加奈子の学校に転校してきたセッちゃんは、いじめの標的となり、シカト（無視）されるようになります。また、運動会でクラス全員で行う創作ダンスの練習でも、途中で振り付けが変わったことをセッちゃんだけは知らされず、一人だけ違うフリで踊って笑われるなどの嫌がらせが行われます。「今日も

セッちゃんがさあ…」と、学校から帰るとそんな話ばかりする加奈子に、父親と母親はうんざりして、もう聞きたくないと言いますが、加奈子は「だって、それが現実だもん。」と言います。「なに言ってるんだ。セッちゃんのこと、かわいそうじゃないのか。」と怒るお父さんに対し、加奈子はこう言います。

　「かわいそう、かなあ…。同情とかって、ほんとは残酷なんだってよく言わない？　みんな、セッちゃんのこと、いじめているわけじゃないよ。嫌ってるだけだもん。いじめは悪いことだけど、誰かを嫌いになるのって個人の自由じゃん。"いじめをやめろ"とは言えるけど、"あの子を嫌いになるな"なんて言えないでしょ。嫌いだから、シカトするの。しょうがないでしょ、それ。先生とかに無理やり、『セッちゃんとしゃべりなさい』って言われて、しょうがなしにしゃべっても、セッちゃんだっていやだと思う。だからね、セッちゃんも、いまの自分の現実を受け入れた方がいいと思うわけ。」

　私たちもかつてはそうであったように、中学時代、高校時代の子どもたちは、大なり小なり、「生きること」の本質的な意味を考えざるをえません。そのため、大人もたじろぐようなストレートなかたちで、物事の本質を問い詰めることがあります。

　重松さんが描く子どもたちは、親や先生に対して、

　「勉強して本当に幸せになるの？」

　「どうして人を殺してはいけないのか？」

　「人を嫌いになるのもいじめなんですか？」

　などの問いをぶつけます。皆さんは、どう答えますか。ありきたりの建前を言っても、子どもは納得しませんね。私は、いじめ問題についても、建前的になりがちな対策論ではなく、人間論としていじめ問題を考えることが重要だと思っています。

人間論であるなら、簡単な正解などあるはずがありません。ですので、私のいじめ問題研究の中心的な課題は、「人を嫌いになるのもいじめか？」という子どもの問いに対し何を語ればいいのかを考え続けることです。

　話を「セッちゃん」に戻します。運動会の当日、加奈子の両親は、信じられない風景を目にします。創作ダンスの輪から一人だけはじき出され、泣き出しそうな顔できょろきょろとまわりを見まわしうろたえている女の子がいます。それは、ほかならぬ加奈子でした。その後、担任の先生に確かめると、セッちゃんという転校生などいないこともわかります。

　私は、大学院の授業で、「どうして加奈子は親に架空のセッちゃんの話をしたのか」について考えてもらったことがあります。院生は、自分がいじめられていることを隠した理由として、

　　◆プライドがあるので、自分がいじめられていることは親には知られたくなかった。

　　◆自分に対するいじめのことで親に心配をかけたくなかった。

などをあげていました。さらに、ひた隠しにするのではなくセッちゃんに託して加奈子がいじめのことを話した理由として、

　　◆いじめが起きていることを聞いてほしかった。

　　◆本当は自分がいじめられていることを察して欲しかった。

　　◆いじめ問題に親がどういう態度をとるかを知りたかった。

などをあげていました。また、他にも

　　◆どうにかして現状を抜け出したかったのではないか。

　　◆加奈子なりの遠回しのＳＯＳだと思う。

という院生の意見もありました。私もその通りだと思います。先にも述べた、「わかって欲しい」と「知られたくない」の葛藤、

第2章　親といじめ

「助けて欲しい」と「手を出して欲しくない」の葛藤ですね。

　セッちゃんなんて存在しないこと、加奈子がいじめられていることを知った両親、けれども、運動会の日もその後も、相変わらず「セッちゃんがさあ…」と取り繕う加奈子に対して、両親はなかなか踏み込めません。私が親であっても、きっと同じだと思います。うかつに踏み込むと、何か別の「引き金」を引いてしまいそうな気もします。でも、だからといって放っておけるわけでもない…。小説「セッちゃん」が最初に月刊誌に発表されたときのタイトルは「身代わり雛」でした。小説は、加奈子のお父さんが考えた、流し雛を流す「儀式」で終わります。その儀式のときの加奈子と両親の会話は、親がついに踏み込んだとも言えるし、まだ踏み込んでいないとも言える、微妙なやりとりです。「助けて欲しい」と「手を出して欲しくない」の間で揺れる子どもに対する、「助けてやりたい」と「うかつに触れることはできない」の間で揺れる親の繊細なかかわり方をリアルに描いていますので、是非ご一読ください。

（4）連携の大切さ

　「セッちゃん」についての院生の意見に「親に心配をかけたくなかった」というのがありましたが、胸に「奴隷の烙印」をつけられた楽しんごさんは、こんな話をしています。

　楽しんごさんが中学時代のいじめ体験をテレビで話したとき、「どうして親に言わないんだ。」「自分の子どもが酷いイジメを受けているのに、気がつかない親が悪い。」などとネットに書かれたそうです。けれども、楽しんごさんは、それは絶対に間違っていると言っています。

「僕は、家族にだけはイジメられていることを絶対に悟られたくなかった。うちは家族が仲良しで、イジメを知ったら、僕の味方になってくれることも分かっていました。でも、こんなに僕を愛してくれている家族に『イジメられているかわいそうな信吾』と思われたくなかったんです。家族の前だけでは、イジメに遭う前の、明るくて楽しい信吾でいたかった。」

「子どもが本気でイジメを隠そうと思ったら、お母さんがずっと家にいる専業主婦であろうが、絶対に親には分からないと思います。だって、全身全霊で隠そうとしているんですから。だから、僕は『イジメに気がつかなかった』という親御さんを責めるのは、間違っていると思います。」

芸名の「楽」に込めた思いがわかるような気がしますね。「いじめを隠す」というと、一般的には、加害者や教師の隠蔽が問題にされますが、いじめへの対応を考える際には、実は、被害者も「隠そうとする」ことがあることを理解しておく必要があります。楽しんごさんのように「親を悲しませたくない」という理由からだけではなく、大人の介入によっていじめがさらに隠然化しエスカレートすることへの不安から、いじめ被害を頑として認めようとしないこともしばしばあります。だから、いじめの発見・把握は子どもの他の問題行動よりも格段に難しいのです。気づかない親や教師を単純に批判すれば解決するというような話では決してないのです。

　いじめを見逃さないために、先生方は「もっとアンテナを高くして…」などと求められることがありますが、特に思春期・青年期の子どもは明確なサインを出すことは少ないものです。そういう意味では、「サインをキャッチする」という受け身のニュアンスの「アンテナイメージ」ではなく、先生方が積極的

に児童生徒集団の問題を探る「ソナーイメージ」でいじめ防止を考えるほうがいいかもしれません。それは、親として我が子のいじめにかかわる際も当てはまるのではないかと思います。

　また、葛藤を抱える子どもが出すサインは微妙なうえに、「学校で見せる顔」と「家庭で見せる顔」が異なることもよくあることです。だからこそ、親と教師、家庭と学校の連携がとても重要になるのです。

　文部科学省（2010）『生徒指導提要』には、教師が行うべき連携とは、「対応のすべてを相手に委ねてしまうこと」ではなく、学校で「できること」「できないこと」を見極め、学校ができない点を外部の専門機関などに援助をしてもらうことであると示されています。保護者の方の学校や関係機関との連携も同じで、「抱え込み」でも「丸投げ」でもなく、親としてできることには労を惜しまず取り組みつつ、親ができない点を学校などにサポートしてもらうという姿勢が大切です。

　専門家には、「教育の専門家」「心理の専門家」「福祉の専門家」など、さまざまな専門家がいます。けれども、我が子のことを誰よりも一番よく知っている専門家は、お母さん・お父さんであるはずです。以前にこんな話を聞いたことがあります。あるカウンセラーの方の講演を聞いて、感動したお母さんが、「私も明日から、カウンセリング・マインドで子どもに接します。」とおっしゃったそうです。それに対し、そのカウンセラーの方は、お母さんのその気持ちに理解を示したうえで、「でも、そんなことをしたら、子どもさんは、一人の新しいカウンセラーを手に入れて、"お母さん"を失ってしまうことになりますよ。」とおっしゃったそうです。保護者の皆さんには、連携を躊躇しないと同時に、「我が子のいちばんの専門家」としての自負と

感覚をどうか大切にしていただきたいと思います。

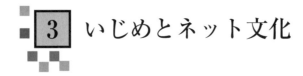

3 いじめとネット文化

(1) ネットいじめの実態

　第2章の最後に、近年、特に問題となっているネット上の人間関係のトラブルやいじめについて考えてみたいと思います。「いじめ防止対策推進法」の第2条の「いじめの定義」では、「心理的又は物理的な影響を与える行為」の後にわざわざカッコ書きで「インターネットを通じて行われるものを含む。」と明記されています。さらに、第19条には、

　◆学校の設置者及びその設置する学校は、児童生徒や保護者に対して、インターネットを通じて行われるいじめを防止し効果的に対処することができるよう、必要な啓発活動を行う。

　◆国及び地方公共団体は、児童生徒がインターネットを通じて行われるいじめに巻き込まれていないかどうかを監視する関係機関又は関係団体の取組を支援するとともに、インターネットを通じて行われるいじめに関する事案に対処する体制の整備に努める。

など、インターネットを通じて行われるいじめに対する対策の推進がうたわれています。ちなみに、文部科学省の平成28(2016)年度の問題行動調査では、いじめの態様の中で、「パソコンや携帯電話等で、ひぼう・中傷や嫌なことをされる。」が3.3％を占めています。

このように、いじめ防止対策においては、ネットいじめの防止も大きな課題です。また、文部科学省（2008）は、法律が制定される5年前にすでに、『「ネット上のいじめ」に関する対応マニュアル・事例集（学校・教員向け）』を作成しています。このマニュアル・事例集には、ネット上のいじめとは、

　　「携帯電話やパソコンを通じて、インターネット上のウェブ
　　サイトの掲示板などに、特定の子どもの悪口や誹謗・中傷を
　　書き込んだり、メールを送ったりするなどの方法により、い
　　じめを行うもの」

であると示されています。悪口や誹謗・中傷に使われる言葉としては、「キモイ」「うざい」等の誹謗・中傷の語や、「性器の俗称」などのわいせつな語、「死ね」「消えろ」「殺す」等暴力を誘発する語があげられています。

　そして、掲示板・ブログ・メール等での「ネット上のいじめ」の具体例として、

　　◆掲示板やSNS（ソーシャルネットワーキングサービス）、
　　　口コミサイト、オンラインゲーム上のチャット等で、特定
　　　の子どもの誹謗・中傷を書き込む。

　　◆誹謗・中傷のメールを繰り返し特定の子どもに送信する。

　　◆誹謗・中傷のメールを作成し、「複数の人物に対して送信
　　　するように促すメール（チェーンメール）」を送信すること
　　　で、特定の子どもへの誹謗・中傷が学校全体に広まる。

　　◆第三者になりすまして、「死ね、キモイ」などのメールを
　　　特定の子どもに何通も送信する。

　　◆掲示板等に、本人に無断で、実名や個人が特定できる表現
　　　を用いて、電話番号や写真等の個人情報が掲載され、迷惑
　　　メールが届くようになったり、容姿や性格等を誹謗・中傷

第2章　親といじめ

する書き込みをされ、クラス全体から無視されるなどのい
じめにつながる。

などの具体例が紹介されています。

（2）ネットいじめの特徴

　文部科学省の「マニュアル・事例集」(2008) では、さらに、ネッ
ト上のいじめの特徴として、
　◆不特定多数の者から、絶え間なく誹謗・中傷が行われ、被
　　害が短期間で極めて深刻なものとなる。
　◆インターネットの持つ匿名性から、安易に誹謗・中傷の書
　　き込みが行われるため、子どもが簡単に被害者にも加害者
　　にもなる。
　◆インターネット上に掲載された個人情報や画像は、情報の
　　加工が容易にできることから、誹謗・中傷の対象として悪
　　用されやすい。また、インターネット上に一度流出した個
　　人情報は、回収することが困難となるとともに、不特定多
　　数の他者からアクセスされる危険性がある。
　◆保護者や教師などの身近な大人が、子どもの携帯電話等の
　　利用の状況を把握することが難しい。また、子どもの利用
　　している掲示板などを詳細に確認することが困難なため、
　　「ネット上のいじめ」の実態の把握が難しい。
の4点が示されています。要約すると「不特定多数による加害」
「匿名性」「個人情報の加工・悪用の容易さと回収の難しさ」「実
態把握の難しさ」ということですね。
　「不特定多数による加害」「匿名性」という特徴から、被害を
受けた子どもの不安は増大し、実際にはネットいじめに関係し

ていない子どもまでも「陰で私を悪く言っている」「信じられない」と感じるようになり、周囲に対する不信感が募り絶望的な気分に陥ります。私たち大人でも、「誰だかはわからないけれども陰で私を悪く言っている者がいる」というような気分でご近所さんや同僚を見ざるをえない状況に追い込まれたとしたら、どれほど疑心暗鬼に陥るかは容易に想像できますね。さらに、「なりすまし」によるネットいじめは、「友だちだと思っていたのにあの子が…」という大きな衝撃を与えるでしょう。これが、ネットいじめ特有の深刻さです。

　「個人情報の加工・悪用の容易さと回収の難しさ」という特徴も、ネットいじめの被害を拡大することにつながっています。パソコンやスマートフォン等がなかった時代でしたら、たとえば、誰かの電話番号や顔が写った写真等を他者に提供するためには、相手に直接に伝えるか示すしかありませんでしたね。何らかの悪意があって意図的に誰かの個人情報を拡散しようと思ったら、印刷してばらまくなど、手間と発覚のリスクを伴う手段しかなかったはずです。ところが、ネット上での「加工・悪用の容易さ」から、ネットいじめは手間がかからず、発覚のリスクが少ない（と感じられる）ため、安易に手を出したり、歯止めがかからなくなる危険性があるのではないでしょうか。このあたりは、客と店員の一定のコミュニケーションや貨幣のやりとりを必要としないネットショッピングが、簡便ではある一方で、「安易に買ってしまう」「買いすぎてしまう」などの問題をはらんでいることにも似ていますね。

　また、ネットがなかった時代は、相手との直接のコミュニケーションが必要であり、電話や手紙であっても一対一のコミュニケーションなので、そこには、情報を「発信する私」と「受信

するあなた」以外の他者が入り込む余地はありませんでした。そして、「発信する私」は、自分が発信者である責任をそれなりに自覚していたはずです。ところが、現在では、発信者が、ネット上でのコミュニケーションが結果的に他者に伝わる、あるいは広まる可能性を理解していなかったために、本人は他者に伝わることを想定していない「私とあなたのここだけの話」が、結果的に拡散してしまうこともあるでしょう。そして、「しまった」と思っても、ネット上でひとたび拡散してしまった情報は回収が難しく、事態を収拾できない場合もあるでしょう。

　そういう意味では、子どもたちに理解させなければいけないことは、

　　◆ネット上でのコミュニケーションの場は、完全な「私」の
　　　領域ではなく、「公」の領域でもあるということ
　　◆ネット上でのコミュニケーションの内容は、誰かに何らか
　　　の形で伝わる可能性があるということ
であり、極端に言えば、公衆の面前で内緒話をしているようなものなので、「誰が誰に何を言っているか」は世間に筒抜けであるというくらいの自覚を促すことではないでしょうか。

　「実態把握の難しさ」も、ネットいじめに対応する際の大きなネックです。たとえば電話などは、「私とあなた」だけのコミュニケーションツールですが、昔の固定電話では、恋人との通話でも横に親がいることもあるので、他者を意識せざるを得ないものでした。でも、携帯電話の普及により、他者に聞かれたくない話は、自分の部屋や人目につかない場所に移動して、簡単にできるようになりました。最近はあまり見かけなくなった電話ボックスなどは、いずれはなくなってしまうかもしれません。でも、重松清さん（2005）は、「電話ボックスとは"雑踏の中

の密室""みんなのものだけど使用中は他人は入れない"という、公衆トイレにも似た独特の空間」であると述べています。そこは、「公と私のはざま」であり、「緊張感と解放感とが入り交じった奇妙な感覚」になる場であり、重松さんは、他人が使わない携帯電話では決して味わえない、「公衆の一人としての自分」という感覚が、最近いとおしく思えてしかたないと書いています。わかる気がします。「公衆」に無頓着で、解放感は満たされるが緊張感が欠落したネット上のコミュニケーションの問題も、私たちは課題として認識しておく必要があるでしょう。

　ただし、だからと言って、親が子どものメールなどをチェックして、子どもの「私とあなた」だけの世界を点検すればよいというわけでもないですね。先に述べたように、自立とは親が知らない秘密を持つことと関係しているので、大人がむやみに子どもの世界に介入しては自立は実現できないものです。それに、たとえば夫や妻が互いのメールをチェックするのは、たいていの場合、情報を共有し夫婦関係を深めるためではなく、相手の行動等を不審に思い調べるため、言い換えれば、信頼ではなく不信に基づく行為ですよね。だから、チェックされる側にとっては（何か後ろめたさがある場合は自業自得ですが）あまり気分のいいものではありませんし、子どもが親にメールチェックされる場合も同じだと思います。

　それでは、どうすればよいのか、それを次に考えてみたいと思います。

（3）ネットいじめを乗り越えていくために

　私の携帯電話は、いわゆる「ガラケー」です。ですので、Ｓ

ＮＳ等によるコミュニケーションは行っていません。学部のゼミ生とコミュニケーションアプリのことが話題になった時、ある学生が、しみじみと「高校の時にこんなアプリがなくてよかった」とつぶやいたことがあります。そのこころは、「友人関係が今よりもっと複雑でナイーブだった高校時代にアプリがあったとしたら、きっと神経をすり減らしていたに違いない」ということでした。そして、今は自分もＳＮＳを使っているが、正直言うと、時々、うんざりしたり、嫌になったりすることがあると話してくれました。携帯等は、「いつでも、手軽に、他者とコミュニケーションできる」「情報を共有し、つながり合うことができる」という利点がある一方で、「自分の時間・ペースが守れない」「連絡・反応がないことで不安が高まる」という影の部分もあるということですね。

　たとえば、「今日、ぼく、泣いた。」のような、暗に「慰めの言葉」を求めるメッセージ。もちろん、その相手が心配になり、思いやる気持ちが湧いて、レス（返信・応答）するときもあるけれども、人によって、あるいは場合によっては、「そんなこと、オレは知らない」「お前だけが苦しんでいるわけじゃない」と言いたくなるときもあるそうです。けれども、送信したメッセージを未読のままで放っておかれたり、既読表示になっているのに返信が返ってこないときの不安・動揺・孤独・不信・苛立ちもわかるので、どうしようかとすごく悩むということでした。また、ＳＮＳ上でのやりとりをどこでキリをつけて終えるかも難しい問題だそうで、他の学生からは、お互いに気を遣うあまり、どちらも疲れ切っていて本当はどちらも終わりたいのに、深夜まで延々と続けられることもあると聞いたことがあります。

私は思わず、「なんか、バカバカしいやん、それやったら、やめたらええやん。」と簡単に言ってしまいました。学生は「それが、そうもいかないんですよ…。」と言いました。私は、無頓着な「上から目線」の発言を反省しました。確かに、今の時代、知人・友人からＳＮＳ等への参加を求められた時に、断ることは容易ではないでしょう。学生の言うとおり、光と影の両面があることはわかっていても、現代社会では、ＳＮＳ等はいろいろな意味で手放すことができないツールになっているのだと思います。

私は、「ごめん、ごめん、そらそうやなあ、断ったりやめたりするのは簡単なことじゃないやろうなあ…。」と謝り、「影の部分」を理解し「上手な使い方」を考えていくしかないよねと話し合いました。そして、「上手な使い方」のコツのひとつは、「本当に大切なこと」はメールやＳＮＳではなくフェイス・トゥ・フェイスで伝えることじゃないかという話になりました。

そんな中で、五木寛之さん（1996）がエッセイ集『旅人よ』で紹介されていた「面授」という言葉も思い出しました。

「現代人は人と人が直接に接することが非常に少ないのが特徴です。そんなときに、空海のいう『面授』というものが、どれほど大切かを思わないわけにはいきません。面授とは、顔と顔を向けあい、膝をまじえて何かを伝えることです。空海は密教を文書によって会得しようとする最澄に対して、『面授なくして仏教の伝授なし』という意味のメッセージを送りました。」

徳島市教育委員会は、2015年度から、徳島市と名東郡の中学校の代表生徒が携帯電話やスマホについて話し合う中学生会議を開催しています。2016年度からは小学生も加わり、小中学生

会議になりました。この会議には、私も助言者として参加しましたが、その中でも、「大事なことは直接話をする」と「面授」の大切さを伝えました。

　また、時間を限定して、深夜まで延々とやりとりすることは避けることも大事だという話もしました。その理由は「学業が疎かになる」ということだけではありません。鳴門教育大学の生徒指導講座の基礎を築かれた倉戸ヨシヤ先生が、「深夜に手紙を書いてはいけない」とおっしゃったことがありました。"深夜"とは、昼間には心の深い所に潜んでいるものが動き出す"魔の刻"でもあるので、本来、外に表出してはいけないことまで書いてしまうからだという趣旨であったように思います。夜中に恋人に書いたラブレターや、友に書いた人生を語る手紙…、白々と夜が明ける頃に読み直してみると、気恥ずかしくなって、投函することをやめたというような経験がある方もいらっしゃるのではないでしょうか。そんなことを考えると、24時間、手軽にコミュニケーションがとれるツールとは、本来は自分の内面に抱えておくべきことまで思わず滲み出てしまう危うさを持つものでもあると言えるかもしれません。

　それに加えて、小中学生会議では、昔は携帯等がなかったからこそ、「思いを募らせる」「想像する」ということが深まったのではないかということを、ラブレターを例にとって話しました。吉田拓郎さんは「もし、寂しさが、インクだったら、今夜、君に手紙を書ける」≪吉田拓郎(1978)「無題」≫と歌っています。最近の歌でも、「"会えない"そう思うほどに、"会いたい"が大きくなっていく」という、「思いを募らせる」ことをテーマにした歌詞があります。ちなみにこれは、それこそこの章で触れている携帯のCMですが、桐谷健太さんが演じる浦ちゃん（浦

島太郎）が恋い焦がれる乙ちゃん（乙姫）を思って、三線を弾きながら海辺で歌う『海の声』の一節ですね。携帯を使えば簡単に乙ちゃんとつながれるのに…、それともさすがに竜宮城までは電波は届かないのだろうか…。いやいや、そんなことより、携帯のCMであるにもかかわらず、携帯を使わずに、会いたい人のことを思い、歌い、叫ぶコミュニケーションの在り方が私は印象に残りました。『海の声』には、こんな歌詞が綴られています。

「空の声が聞きたくて　風の声に耳すませ

海の声が知りたくて　君の声を探してる

"会えない"そう思うほどに

"会いたい"が大きくなっていく

川のつぶやき　山のささやき

君の声のように　感じるんだ」

簡単につながるコミュニケーション・ツールがないからこそ、空・風・海の声に「君の声」を探し、川・山の声に「君の声」を感じ、伝えたい思いが募り深まっていくのだとすれば、携帯・スマホの時代は、思いを募らせることが難しい時代であるのかもしれないとも思います。

　私もそうでしたが、昔は、恋しい人に会いたくて、話をしたくて仕方がないけれども、それが叶わぬときは、「思いを募らせる」「想像する」なかで、自分の気持ちを伝えるための言葉を探し、選び、手紙を書いたのではないかと思います。だから私は、小中学生会議で、子どもたちに、たまには携帯電話を横においてペンを手にして手紙を書くことを勧めました。

　それから、手軽なコミュニケーションツールだからこそ、つい、踏み込んではいけない部分に踏み込んでしまう危険性につ

いても、昔話『鶴の恩返し』を例にとって話しました。ご存知のように、『鶴の恩返し』は、ワナにかかった鶴が、おじいさん（または青年）に助けてもらい、人間の女性の姿になって恩返しに来て、娘（または嫁）になったが、「決してのぞかないでください」と言ったのに機織りの様子を見られてしまい、鶴は去ってしまうというお話ですね。おじいさん（青年）は決して、娘（嫁）を大切にしていなかったわけではありません。けれども、大切な人であるからこそ、決して、のぞいてはいけない、踏み込んではいけないことがある、その禁を犯すと大切な人間関係も崩れてしまうことを『鶴の恩返し』は示しています。そんな観点から、大切な友人であっても、いや、大切な友人だからこそ、一定の境界を越えて踏み込んではいけないという話を子どもたちにしました。また、たとえ悪意はなくとも、他者の写真や情報を、本人の同意なしに安易に扱うことも、「のぞいてはいけない、踏み込んではいけない」禁を犯すことにつながるので慎重でなければいけないという話をしました。

　子どもたちよりも長い人生経験に裏打ちされた大人としての知恵を、私たちはもっともっと子どもたちに伝えていくべきだと思います。携帯やスマホ、パソコンについての知識やスキルは、ひょっとしたら、親よりも子どもの方がずっと上かもしれません。でも、だからと言って、気後れすることなどまったくないと私は思います。たとえお酒の種類や競走馬の名前を知らなくても、アルコールやギャンブルへの依存という問題の本質については、誰もが人間として語る言葉を持っているはずです。携帯等についても同じことだと私は思っています。ネット文化の最新情報を知っておくのもある程度は必要ですが、本質は、「コミュニケーションとは何か」「他者と共に生きるとはどうい

うことか」というテーマであるはずです。

　ガラケーが「ガラパゴス・ケータイ」の略だと知って、イグ
アナやゾウガメでもあるまいし…と、最初はイラッとしまし
た。でも、イグアナやゾウガメのように「独自の進化を遂げる」
という意味で、むしろ、まだしばらくは、「面授」にこだわり、
意固地になって「ガラパゴス」であり続けるのもまんざらでは
ないと思ったりする今日この頃です。

第3章 社会といじめ

1 いじめの社会問題化

(1) 社会問題化の波

 「社会問題化」とは、マスコミなどでさかんに取り上げられ、議会でも問題になり、その課題解決に向けた施策が打ち出される状況になるということですね。いじめが社会問題となったのは、1980年代の半ばからです。それまでもいじめがなかったわけではありませんが、たとえば1970年代後半から1980年代にかけて社会問題になっていた学校教育の課題は、「荒れる中学生」という言葉に象徴される校内暴力でした。

 ちなみに、たとえば会津藩における藩士の子どもに対する教えとして有名な「什（じゅう）の掟」のひとつに「弱い者をいじめてはなりませぬ」とあるように、「いじめる」という言葉は古くからありました。しかし、「学校で」「陰湿な」などのニュアンスを伴う言葉としての「いじめ」が一般化したのは結構最近のことです。広辞苑に「いじめ」という言葉が最初に載ったのは1991年で、「いじめること。特に学校で、弱い立場の生徒を肉体的または精神的に痛めつけること。」と説明されています。

 いじめの社会問題化の波は、1980年代半ばに始まり、現在に至るまで、おおよそ10年周期で4回の波がありました。

 1980年代半ばの第1の波は、1986年に起きた東京都の男子中学生の自殺事案が契機でした。第1章でも触れましたが、葬

式ごっこ等が行われ、『生きジゴク』という言葉を残して自ら命を絶った鹿川裕史くんの名前を覚えておられる方もいらっしゃるかもしれません。ちなみに、文部科学省の問題行動調査に、いじめに関する項目が加わったのは、1985年でした。

　1990年代半ばの第2の波は、1994年に起きた愛知県の男子中学生の自殺事案が契機でした。多額の金銭を要求され、自ら命を絶った大河内清輝くんの名前を覚えておられる方もいらっしゃるかもしれません。机の引き出しには、「家族のみんなへ

　14年間、ほんとうにありがとうございました。僕は、旅立ちます。でもいつか必ずあえる日がきます。その時には、また、楽しくくらしましょう。」等と書かれた遺書とともに、「借用書

　114万200円　働いて必ず返します」というメモが残されていたそうです。端数が本当に切なく感じます。きっと彼はいつも、「おとうさん、おかあさん、ごめんなさい」とつぶやきながらお金を持ち出し、端数まできちんと金額を記録しておいて、いつかきっと返すつもりでいたのでしょう。それも叶わぬまま、大河内くんは旅立ってしまいました。

　2000年代半ばの第3の波は、2006年に起きた福岡県の男子中学生の自殺事案が契機でした。サラブレッドが好きだった森啓祐くんは、「生まれかわったら　ディープインパクトの子供で最強になりたいと思います。お母さん　お父さん　こんなだめ息子でごめん。今までありがとう。」等と遺書に残して自ら命を絶ちました。また、2006年には、「いじめが原因で〇月〇日に自殺します」というようないじめ自殺予告手紙が、文部科学省から始まり全国の教育委員会や学校に届く事態も発生しました。このような状況の中で、当時の伊吹文明文部科学大臣が「未来のある君たちへ」という緊急アピールを出しました。

そして、現在に至るまで続いている第4の波は、2011年の滋賀県の男子中学生の自殺事案が契機でした。彼が飛び降りた自宅マンションの14階の手すりには、約10メートルにわたって手跡があったそうです。「自殺の練習」までさせられていた彼は、最後まで、生と死の間で揺れ動いていたのかもしれません。翌年にこの事案が公になり、国会でも取り上げられ、2013年に「いじめ防止対策推進法」が成立しました。

（2）社会問題化の影響

　いじめの社会問題化は、問題解決への世論を喚起し、いじめ防止に向けた教育施策を促す意味がありました。そういう点では、いじめが社会問題になったことには、大きな意義がありました。

　ただ、私は、「社会問題化への過剰な反応」という問題にも留意すべきと考えています。と言っても、決して、いじめ問題の深刻さやいじめ防止の重要性を軽んじているわけではありません。

　2年ほど前に、新聞のある記事に違和感を感じたことがありました。中学生の男子生徒が電車にはねられて亡くなった事故についての記事でした。記事の最後には、「教頭は『生活態度に問題はなく、1、2学期の校内アンケートでは、いじめをうかがわせる記述はなかった』と説明している。」と書かれていました。

　30数行の小さな記事なので、報道する側は、限られた字数の中で必要と判断した内容に絞ってまとめた記事だと思います。また、学校のコメントも、紙面に載っているのはこれだけです

が、ひょっとしたら取材に対して、他にもいろいろな話をされていたかもしれません。あくまでその前提での感想ですが、記事を読んだ後に、私には何となくすっきりしない感じが残りました。その理由は、いじめが原因でなかったらそれで問題がないようなニュアンスが感じられたからです。

　いじめが大きな社会問題になり、いじめの有無に焦点を合わせた記事の組み立てになることもわからないわけではありません。けれども、中学時代あるいは高校時代を過ごす生徒たちは、例外なく何らかのかたちで「大人になる」という難しい課題に直面し、その作業は、大なり小なり、危機を伴うものです。そうであるなら、「子どもの自殺」という問題は、「いじめ」の問題として検証するだけでなく、より幅広く思春期危機の問題としてとらえることが重要だと思います。言い換えれば、たとえいじめがなかったとしても、学校・教師は、「危機から救えなかった」という荷を下ろしてはいけないのではないかということです。いじめの社会問題化への過剰な反応が、そんな姿勢を後退させる方向に働いているとしたら問題ではないかと私は考えています。

　また、社会問題化の「波」が何度かあったということは、あえて言えば、途中で「波が引いた」時期もあったということに他なりません。でも、波が来ようが引こうが、いじめの発生件数・認知件数が増えようが減ろうが、いじめをはじめ不登校や非行などの子どもの問題を考え続けることは大切なはずです。社会問題化の契機となった、いじめにより自殺していった子どもたちの遺書の一部をご紹介したのも、皆さんと一緒に、問題を風化させずに改めて心に刻みたいと願うからです。社会問題化に翻弄されることなく、私たちは、子育ての問題、教育の問題と

して、いじめ問題をはじめとして子どもが直面するさまざまな
問題を考える姿勢を大切にしていきたいと思います。

2 いじめの定義

(1) 法的定義と社会通念

いじめ防止対策推進法の第2条では、いじめは次のように定義されています。

「この法律において「いじめ」とは、児童等に対して、当該児童等が在籍する学校に在籍している等当該児童等と一定の人的関係にある他の児童等が行う心理的又は物理的な影響を与える行為（インターネットを通じて行われるものを含む。）であって、当該行為の対象となった児童等が心身の苦痛を感じているものをいう。」

法律の文章なので少し硬い表現になっていますが、簡単に言えば、「学校において一定の人間関係にある子どもどうしの間での行為によって子どもが心身の苦痛を感じているもの」をいじめとするという定義です。

それから、法律の第5章は「重大事態への対処」について定められていますが、第28条に示されているように、重大事態とは、

・いじめにより当該学校に在籍する児童等の生命、心身又は財産に重大な被害が生じた疑いがあると認めるとき。
・いじめにより当該学校に在籍する児童等が相当の期間学校を欠席することを余儀なくされている疑いがあると認めるとき。

を指します。つまり、いじめによる自殺等とともに、教育を受ける権利が損なわれるという意味でいじめによる不登校も重大事態とされているわけです。

　保護者の皆さんにも、法の趣旨を理解していただくことは重要だと思います。ですので、たとえば国立教育政策研究所（2015）が作成した「いじめに関する研修ツール Ver. 2」などを活用して、ＰＴＡ活動の中で研修を行うことも有意義だと思います。この「研修ツール Ver. 2」は、2009 年に公表された教師用のVer. 1 に、最新のデータを加え、保護者等を含む幅広い研修に用いることができるよう改訂されたものです。この研修ツールの中の自己点検シートは、19 の質問項目に「はい・いいえ」で回答することによって、

　　◆いじめについて誤った理解をしていないか、いじめに対する思い込みがないか、いじめを減らしていく上で妨げになる考え方をしていないか

　　◆いじめ問題の防止や解決に積極的に取り組むことを、ためらったり、迷ったりしていないか

　　◆様々な場面において、いじめの発見や防止に必要な取組がなされているか

を点検できるものです。自己点検シートは、「点検内容の解説」「研修会アンケート」「研修会実施要項（実施担当者用）」とともに、国立教育政策研究所のホームページからダウンロードできます。

　ところで、「相手が苦痛を感じたらいじめである」という法的な定義は、社会通念（子どもたちや保護者の皆さんが考えておられるいじめのイメージ）と必ずしも一致しているわけではありません。いじめに関する著名な研究者であるピーター・K・

HelenとJoは嫌い合いけんかを始めている。　　Maryは自分よりも小さいLindaとけんかを始めている。

図7　いじめの認識を調べる線描画

スミス博士（2016）は、私も翻訳を担当した第2章で、人々がいじめをどのように認識しているかを調べるための、シンプルな線で描いた線描画を用いた調査を紹介しています。図7がその一例です。このような図を見せて、これはいじめだと思うか、いじめではないと思うかを回答してもらいます。線描画を用いるのは、肌の色や衣服を描くことで他の要素や価値感が入ることを避けるためです。図7は、いずれも、二人の子どもがけんかをしている場面です。ところが、興味深いことに、8歳の子どもは、左の図については87.5％、右の図についても90.0％がいじめであると答えますが、14歳の子どもでいじめであると答えた割合は、

　　左の図 … 45.0％　　　右の図 … 75.0％

となり、成人の場合は

　　左の図 … 27.5％　　　右の図 … 45.0％

となりました。左右の図の違いは、体の大きさに差があるということだけですね。このような調査研究から、幼い子どもはともかく、思春期・青年期の子どもや大人は、いじめとは「力の

第3章　社会といじめ

不均衡」を伴うものと考えていることが明らかになるわけです。

　こうした調査の積み重ねによる世界のいじめ研究において、比較的共通する「いじめの定義についての条件」として、スミス博士は、

　　① 身体的・言語的・ネットのいずれかの型の攻撃を通して、直接的または間接的に行われる。

　　② 攻撃行動である（危害を加える意図がある）。

　　③ 力の不均衡がある（被害者は自分自身を守るのが困難である）。

　　④ 何らかの反復的な要素を持つ（頻繁に起こり得る）。

をあげています。そして、社会通念はこのような学術的定義に近いものだと思われます。

　一方、いじめ防止対策推進法で定められた定義は、この条件の②〜④を含まないものです。つまり、法律は、学術的な定義や社会通念とは異なり、いじめの条件を少なくした最も広い定義を採用しているということです。

　国が広い定義を採用した理由のひとつは、「攻撃的な意図」「力の不均衡」「反復的な要素」は表面的には見えにくく把握しにくいものであるからです。「攻撃的な意図」は加害者が否定する場合が多く、また「力の不均衡」が感じられない「いじり」「ふざけ」「じゃれあい」がいつのまにか「いじめ」に変質していくこともよくあります。「"いじり"と"いじめ"は一文字違い」（木村拓哉さんの言葉）なのです。それと、もうひとつの理由は、何よりも「いじめを決して見落とさない、見逃さない」という強い願いで法律が作られたからです。

（2）学校の先生方の戸惑い

　文部科学省は、法のいじめの定義についての教員の理解を促すために、資料「いじめの認知について」の中で、次のような例を示しています。

　「Aさんが算数の問題を考えていたところ、隣の席の算数が得意なBさんは、解き方と答えを教えてあげた。Aさんは、あと一息で正解にたどり着くところだったため、答えを聴いた途端に泣き出してしまった。このことでBさんは困惑してしまった。」

　皆さんは、このBさんの行為はいじめだと思われますか。おそらくは、これはいじめとはいわないと思われた方が多いのではないでしょうか。先日、現職の先生方である院生25名と、学部を卒業し大学院に入った学卒院生22名が受講する大学院の授業で、この事例を示して、いじめであるかどうかを質問しました。ただし、法律の定義に関する知識を確かめることが私の意図ではないので、子どもはどう思うかを想像して「児童生徒は"いじめである"と考えるか"いじめではない"と考えるか」をワークシートに記入してもらいました。その結果が表6です。院生の77％が「いじめではない」と回答しています。その理由は、

表6　いじめかどうかの判断

	現職院生 （25名）	学卒院生 （22名）	全体 （47名）
いじめである	4名 （16%）	7名 （32%）	11名 （23%）
いじめでない	21名 （84%）	15名 （68%）	36名 （77%）

子どもたちが考えるいじめは「嫌がらせ」「弱いものいじめ」「執拗な意地悪」というようなイメージであり、この事例はそんな行為ではないと判断したからだと思います。

なお、参考までに、「いじめである」と答えた割合は学卒院生のほうが高いですが、その理由として「心が傷ついたから」「心理的な苦痛を与えられたから」等があげられているところを見ると、教員採用試験のために勉強しているいじめ防止対策推進法についての知識を踏まえての回答も含まれていると思われます。また、現職院生の回答は、学校現場で見ている子どもたちの感覚から推測したものであって、「法の定義からするとこれはいじめか?」という聞き方をすれば、結果は違っていただろうと思います。さらに、ここが大事なところですが、「いじめではない」と回答した現職院生も、いじめではないから放っておけばよいということではなく、「コミュニケーション不足」「親切とお節介」「相手の気持ちの理解」などの問題を子どもに考えさせることが重要であるとワークシートに書いていました。

この事例について、文部科学省は、法律に照らし合わせて、

◆AさんとBさんは、一定の人的関係にある。

◆BさんがAさんに解き方と答えを教えた行為は心理的又は物理的な影響を与える行為である。

◆Aさんは泣き出しており苦痛を感じたと認められる。

ので、学校はこれをいじめとして認知すべきであると説明しています。そして、文部科学省は、「いじめの認知件数が多いことは教職員の目が行き届いていることのあかし」であると述べています。

しかし、先生がBさんに「あなたの行為はいじめです」と指導しても、子どもは、あるいは保護者の方も、すんなりと納得

するとは到底思えませんね。ですので、学校の先生方は、法の理念と児童生徒・保護者の感覚との板挟みでとまどっておられることがしばしばあります。

そこで、私は先生方に、以下のように、「いじめの"認知"といじめへの"対応"を分けて考える」ことを助言しています。

◆「いじめと認知する」ということは、学校として重要な課題であると認識し、教育委員会や文部科学省にいじめ案件として報告することである。

◆一方、「いじめに対応する」ということは、まずは行為を止めたうえで、当該児童生徒に対して、仲間を大切にすることを考えさせる指導を行うことである。

◆後者においては、「いじめであるかどうか」という抽象的な議論に陥ることを避けて、場合によればあえて「いじめ」という言葉を使わず、あくまで具体的な言動に即して、その行為が「他者を傷つけている」という点に焦点を当てて指導することが必要である。

実は、文部科学省も、2017年に改定した『いじめの防止等のための基本的な方針』の中で、次のように述べています。

「いじめられた児童生徒の立場に立って、いじめに当たると判断した場合にも、その全てが厳しい指導を要する場合であるとは限らない。例えば、好意から行った行為が意図せずに相手側の児童生徒に心身の苦痛を感じさせてしまったような場合、軽い言葉で相手を傷つけたが、すぐに加害者が謝罪し教員の指導によらずして良好な関係を再び築くことができた場合等においては、学校は、『いじめ』という言葉を使わず指導するなど、柔軟な対応による対処も可能である。ただし、これらの場合であっても、法が定義するいじめに該当するた

め、事案を法第 22 条の学校におけるいじめの防止等の対策
のための組織へ情報共有することは必要となる。」

さらに文部科学省は、A さん、B さんに対する「いじめとい
う言葉を使わない」具体的な指導例も示しています。B さんに
は「A さんが困ってると思って教えてあげたのね。」と、まず
B さんの善意を認めてあげたうえで、「ところで、なぜ A さん
が泣いちゃったと思う？」と、問いかけ、B さんが「自分で問
題を解きたかった。」と言ったら、

「そんなときどうするといいのかな？」

「分からないところは聞いてねと言えばよかった。」

「そうだね。とってもいいアイデアだね。」

というようなかたちで、人間関係の難しさと対話の大切さを考
えさせる指導を例示しています。また、A さんについても、ま
ずは「もう少しで解けたとこだったので悔しかったのね」と共
感的に対応し、後日、A さんの気持ちが落ち着いているのを見
極めたうえで、「B さんはどうしてそんなことをしたと思う？」
と問いかけ、B さんが親切心から行った行動であることを考え
させる指導を例示しています。

以上、いじめの定義に関する学校現場の先生方のとまどいと
指導の難しさについて述べました。そのことを踏まえて、私が
保護者の皆さんに是非お願いしたいのは、「いじめであるかど
うか」ではなく「よりよい人間関係とは何か」について、具体
的な事実に即して、子どものある行為が他の子どもを傷つけて
いるという点に焦点を絞って、先生方とスクラムを組んで子ど
もに考えさせていくという姿勢に立っていただきたいというこ
とです。

法律の定義から離れて、一般的に「一定の人的関係において

心身の苦痛を感じること」を何といいますか？と質問されたら、私は、「いじめ」ではなく、「人間関係におけるトラブル」と答えると思います。そして、「人間関係におけるトラブル」とは、悪意に満ちた一方的な攻撃行動である場合もありますが、"行き違い""すれ違い""勘違い"などのようにトラブルの責任がどちらか一方にだけあるのではなく双方にある場合も少なくありません。先ほどの「算数の答えを教えた事例」もそうですね。そんな場合は、一方だけを責めるのではなく、両側から歩み寄り関係の中に生じた溝に橋を架け解決していくことが重要です。

　保護者の皆さんには、第2章で述べたように、些細なことであってもいじめの兆候を見逃さず、子どもが「心身の苦痛」を感じているようであれば、「子どものことに大人が口出ししていいのだろうか」「こんなことを相談したら親バカと思われはしないか」などとためらったりせずに、学校に相談してほしいと思います。と同時に、「両側から越えていく」べき問題である場合は、我が子の課題を棚に上げて、法律を盾にとって、「相手が何と言おうと、うちの子どもが苦痛を訴えているのだからいじめじゃないか」などと相手や学校を一方的に責めるような在り方は慎むべきだと思います。その理由は、「相手や学校を困らせることになるから」ではなく、我が子との対決（我が子に対する毅然とした対応）を欠いた擁護は、一見、子どもの味方をすることのようではあっても、実は子どもを守ることにはなっておらず、むしろ子どもを増長させ、子どもにしなやかな人間関係の在り方を教えるせっかくの機会を台無しにしてしまうからです。

　人間関係においては、いろいろな難しい問題に直面しても、

相手をおもんぱかり、対話を重ね、共に乗り越えていくという
姿勢が大切です。そんな姿勢を欠き相手の問題をあげつらうこ
としか考えない大人（親・教師）が、いくら子どもたちに「仲
良くしなさい」と言ったところで、子どもの心に響くわけがあ
りませんよね。

いじめ対策といじめ教育

(1) いじめ対策論といじめ人間論

　先に、「いじめの"認知"といじめへの"対応"を分けて考える」ということを書きました。それは、言い方を変えると、「"いじめ対策論"と"いじめ教育論"を分けて考える」ということでもあります。

　2013年に、私は、イギリスのシティズンシップ教育（市民性教育）の実情を調査するために、ロンドンのいくつかの学校を訪問しました。そのときに驚いたことのひとつが、学校において、廊下などはもちろん、教室内にも監視カメラが設けられていたことでした。近年、イギリス、特にロンドンでは多民族化が進み、学校においても、民族や人種の違いによる差別・対立・暴力・いじめが発生しています。それを抑止するために、教室等にも監視カメラを設置して、監視体制を強化しているのです。日本でも、早晩、同じような状況が生まれるのではないかと私は予想しています。なぜなら、すでに街中には無数の監視カメラが設けられているように、人々は「誰かに監視されている不気味さ」よりも「犯罪などを監視する安心」を求め、監視社会（≒管理・統制が徹底される社会）に対する抵抗感は薄らいできているように思えるからです。ちなみに、私自身は、古い人間だからかもしれませんが、監視社会に対しては何となく気味悪さを感じますし、特に教育の場においては、子どもを見つめるの

は機械ではなく人（カメラではなく先生）でありたいと思いますが…。

　ただし、先生方が四六時中、子どもを見守ることは困難です。いじめがよく起きる時間帯は、昼休みなどの先生の目が届かない時間帯です。そして、いじめが社会問題化する中で、「教師が目を離した」ことが問題とされるような風潮も見受けられます。しかし、先生が休み時間や放課後もずっと教室内にいるようにするというのは現実的ではありません。ですから、きっと近いうちに日本でも、教室等への監視カメラの設置が検討されることになるだろうと私は考えているわけです。

　何が何でもいじめの件数を少なくするという "いじめ対策論" の考え方からすれば、監視カメラの設置は一定の意味があるでしょう。けれども、カメラという監視装置があるから抑え込まれている状態（＝カメラがなかったら表面化する状態）は、本質的な意味で問題が解決された状態ではないことは明らかですよね。ですから、"いじめ教育論" の考え方からすると、「子どもたちが学校・教室でお互いを大切にしながら共に学び共に過ごす集団・文化」を、どのような教育活動・指導によって作っていくかという問題こそが、監視カメラを置く置かないの議論よりもはるかに重要なわけです。

　言い方を変えれば、"いじめ対策論" が「いじめはあってはならない」という理想・理念に基づく考え方であるのに対し、"いじめ教育論" は「人間関係においてはトラブルやいじめはあるものだ」という現実・実感に基づく考え方だということです。いじめは "看過できない問題" であり "あってはならない問題" だというのは、「対策の論理」「大人の論理」ではあっても、「教育の論理」「子どもの論理」として児童生徒が腑に落ちる言葉

ではないと私は思います。なぜなら、児童生徒は、理想の世界を生きているのではなく、「弱くて強く、冷たくて温かい仲間と共に学校生活を送る中で、不安と希望の間で揺れながら、人間関係の意味を考えていく」という現実の世界を生きているからです。「あっても仕方がないわけではない」けれども、「あってはならないなどと言っても仕方がない」と私は思っています。

　ですので、保護者の皆さんには、「あってはならないことが起きた責任をどうするのか」などと建前論で学校を責めるのではなく、先生方と一緒になって「あったこと」の意味を考える姿勢に立っていただきたいと思います。

（2）理想と現実

　教育問題を始め、さまざまな社会問題が議論されるときに、私は、理想と現実がまぜこぜになって語られていると感じるときがあります。

　作家の曽野綾子さん（2000）は、戦後の教育は人間が希求するもの（理想）と現実を混同したのではないかと指摘しています。

　「私たちは自由を求めるが、しかし人間が完全な自由を得るということは至難の技である。私たちは平等を願うが、人間は生まれた瞬間から、平等ではない。運命においても才能においても生まれた土地においても、私たちは決して平等たり得ない。しかし私たちが自由と平等を、永遠の悲願として持ちつづけることは、当然である。… 略 … 実に私たちは、現実のただ中に常に生きているのである。そこには限りなく善と悪との中間に位置する人生が展開するだけである。故にこ

の瞬間に、悪の姿が見えても、私たちは絶望する必要もなく、次の瞬間に善の輝きが見えても安心することはできない。その葛藤の狭間に、私たちは育ち生きるのである。」

善と悪、理想と現実の葛藤の狭間に私たちは生きるのだという曽野さんの言葉に私は深い共感を覚えます。だから、「いじめはあってはならない」という善の論理、理想論だけを振りかざす主張には共感できないわけです。

同じようなテーマについて、河合隼雄先生（1992a）は、「理想は『行くえを照らす星』」であると表現しています。理想は方向を示すために必要なものではあるけれども、人間はそこに「到達する」ことなどありません。たとえば「友情」を例にとると、真の友情についてなどを考えることには一定の意味があるでしょう。しかし、河合先生は、

「そこに生じてくる理想が『行くえを照らす星』であることを忘れ、到達目標や目的地と考えると、自分の友情について、あるいは友人に対して、怒ったり嘆いたりすることばかり増えるのではなかろうか。さりとて、理想など不要と言う人は、自分の位置や方向などが見えなくなって混乱すると思われる。」

と述べています。

いじめが社会問題化することにより、いじめ防止や子どもたちの人間関係に注目が集まるようになったのは良かったけれども、社会問題化のマイナスの側面として、私は、いじめがあることに「怒ったり嘆いたり」する論調が増えていると感じるときがあります。しかし、怒りや嘆きだけでは、「先生が悪い」「親が問題だ」などの悪者探しに陥り、自分（を含めた社会全体）の問題だと考える態度にはつながりません。そうではなくて、

いじめがあるという現実、善と悪の葛藤の狭間であるこの世から目を背けずに、なおかつ「いじめのない人間関係」「真の仲間」を考えるための「行くえを照らす星」を探し続けることを、保護者の方々にも先生方にも望みたいと私は思います。

「穢土を見ようとしない者に浄土が見えるわけがない。」

私の元同僚で僧侶でもある知人の言葉です。水平社宣言の言葉を借りるならば、「人の世の冷たさ」を見据えるからこそ、「人の世の熱」「人間の光」を見出すことができるのだろうと思います。"つめたい"がわかるから"あたたかい"がわかるのです。絵に奥行きをつけるためには影をつけることが必要であるように、人の影・陰の問題を避けていては奥深い人間論には至らないのだと思います。

そういう意味でも、先にも述べたように、「あってはならない」ではなく、同和教育・人権教育において「差別の現実に学ぶ」ことが大切にされたように、いじめの現実に学び、「あったこと」の意味を考えることが重要だと私は思います。

ただし、「現実に学ぶ」中から「行くえを照らす星」を見出していくためには、欠かせないものがあります。

学校教育や社会教育で同和問題が取り上げられる際には、「部落差別の実態」を知ることによって、人々が差別問題の解消に取り組むようになることが期待されます。しかし、奈良女子大学（1999）が編集した『部落問題について』に掲載された座談会で、社会学者の小川伸彦さんは、「部落の人を差別する人が世間にはいる」という正しい認識と、「私は差別されたくない」という正当な意識がくっつくと、「部落の人と親しくかかわると、差別的な人たちから自分たちも差別されるだろうから、かかわりたくない」という忌避の態度が生まれることもあると指

摘しています。教師や研修担当者は、

　[差別がある] + [差別されたくない] → [差別をなくそう]

という化学反応を期待しているのに、皮肉なことに、

　[差別がある] + [差別されたくない] → [かかわりたくない]

となってしまうことがあるというのです。これは、

　[いじめがある] + [いじめられたくない] → [かかわりたく
　ない]

といういじめの傍観者の心理とも重なりますね。

　では、どうすればよいのでしょうか。私は、期待する化学反応を起こすためには、そこにもうひとつの「触媒」がいるだろうと思います。それは「希望」です。完全な理想社会は実現できるわけではないけれども人が協力して取り組めばひとつひとつの差別やいじめの問題は解決できるに違いないという「希望」、問題を傍観しかかわりを避けるのではなく問題に関与する中でこそ自分自身の豊かな在り方・生き方が切り拓かれていくに違いないという「希望」を示すことです。「希望」は「信頼」と言い換えてもいいかもしれません。人間への信頼、人間の知恵への信頼、人間の可能性への信頼ということです。

　「教えるとは　希望を語ること」

　フランスの文学者のルイ・アラゴンが、ナチスにより銃殺されたストラスブール大学の教授・学生を悼み 1943 年に書いた「ストラスブール大学の詩（うた）」の一節ですね。

　いじめ問題についても、同じことが言えるのではないでしょうか。私たち大人がなすべき本当に大切なことは、断罪・禁止・抑圧・監視・管理の姿勢を子どもたちに示すことではなく、いじめを乗り越えていく星を見出し、子どもたちに本気で希望を語ることだと私は思います。

4 いじめと責任

（1）責任とは何か

　いじめ問題についての責任というテーマを考えるにあたっては、まずは、「責任」とはどういう意味なのかを整理しておく必要があります。レイフ・クリスチャンセンさん（1996）の絵本『わたしのせいじゃない —せきにんについて—』が、そのヒントになるのではないかと思います。

　この絵本は、いじめ加害者の 14 人の子どもたちと、いじめ被害者の一人の子どもを描いています。絵はどのページもほぼ同じで、真ん中に、顔を両手で覆って泣いている子どもがいます。その子どもを、14 人の子どもたちが無表情に見つめています。そして、14 人の子どもたちが順番に
　「おおぜいでやってたのよ
　　ひとりではとめられなかった
　　わたしのせいじゃないわ」
　「はじめたのは　わたしじゃない
　　ほかのみんなが　たたきはじめたのよ
　　わたしのせいじゃないわ」
　「考えることがちがうんだ
　　ぜんぜんおもしろくないんだよ
　　自分のせいだよ」
などと言います。そして、最後に、みんなでこう言います。

「たたいても　わたしは　へいきだった

　みんな　たたいたんだもの

　わたしのせいじゃないわ」

　お話はそれでおしまいです。そして、次に、真っ黒なページ
に

「わたしのせいじゃない？」

と白い大きな文字が書かれています。さらに、その後に、核兵器、
難民、紛争の犠牲になった子ども等の写真が載せられています。

　1945年8月6日、広島に原爆が落とされました。実際に投下
のボタンを押したのは、大型爆撃機B29「エノラ・ゲイ」に搭
乗していたポール・ティベッツ大佐です。けれども、原爆の被
害の責任は、ティベッツ大佐一人にあるのではなく、8月6日
に至るまでの戦争状況を生み出した、アメリカの、日本の、そ
して関係するさまざまな国の在り方を省みない限り、ことの本
質は見えてこないのではないかと私は思います。難民の問題、
紛争の問題等、そしていじめ問題も同じだと思います。絵本の
作者は、「わたしのせいじゃない？　じゃ、だれのせいなの？」
と問いかけているのではないでしょうか。顔を覆って泣いてい
る子どもの苦しみは、「最初にやり始めた"首謀者"の子ども」
だけのせい（責任）ではなくて、「けしかけられて加担した子
ども」「はやしたてた子ども」「傍観した子ども」、すなわちい
じめられる子どもの気持ちなど考えようともしなかったすべて
の子どもたちのせい（責任）でもあることを訴えているのでは
ないでしょうか。

　私がこの本の執筆を始めた頃に、ひとつの大きな問題が起き
たことを報道で知りました。2018年5月6日、日本大学と関西
学院大学のアメリカンフットボールの定期戦での悪質なタック

ルの問題です。私は、アメフトの経験はありませんが、何度も
観戦に出かけたこともある大好きなスポーツのひとつで、現在
も大学のタッチフットボール（タックルは禁止でタッチでボー
ルデッドになる簡易なアメフト）部の顧問をしています。です
ので、少なからず関心を持って、その後の動きを注視していま
した。そして、先に紹介した元同僚で僧侶でもある知人とこの
問題について話す中で、キーワードは「思考停止」だと思うよ
うになりました。知人は、ユダヤ人の哲学者ハンナ・アーレン
トのこんな言葉を教えてくれました。

　「悪は悪人が作り出すのではなく、思考停止の凡人が作る。」

　そう言えば、第1章でいじめの過程に関する中井久夫さんの
「孤立化」「無力化」「透明化」という考え方をご紹介しましたが、
中井さんはいみじくも、透明化の段階について、「善良なドイ
ツ人に強制収容所が『見えなかった』ように」、そこにある問
題が周囲の眼に見えなくなっていく段階だと指摘していました
ね。

　あくまで報道されている情報からの私の印象ですが、多くの
方が指摘しているように、日大の当時の監督やコーチの強権的・
暴力的な指導方法は私も重大な問題だと思いますし、記者会見
での弁明も、「認識のずれ」という表現に象徴されるように、
自身の指示や指導の在り方とその責任を真摯に受けとめている
とは到底思えませんでした。失礼な言い方かもしれませんが、
彼らの「悪」は、これからさまざまな場で検証されるだろうと
思います。一方、タックルした選手については、記者会見に臨
んだ「勇気ある態度」と「誠実な言葉」から、彼の責任を問う
声は見られなくなりました。もちろん、私も、彼の記者会見に
心が動かなかったわけではありません。けれども、彼が最後に、

「本件はたとえ、監督やコーチに指示されたとしても、私自身が『やらない』という判断ができずに指示に従って反則行為をしてしまったことが原因であり … そのことについて、退場になった後から今まで、思い悩み、反省してきました。そして、真実を明らかにすることが償いの第一歩だと決意して、この陳述書を書きました。」

と決意を述べ、

「アメフトを続けていくという権利はないと思っていますし、この先、アメフトをやるつもりもありません。」

と言い切ったことを、私たちはもっと大切に受けとめるべきだと思いました。彼は、「わたしのせいじゃない」という論理に逃げ込まずに、監督やコーチの指示があったにしても、そこでタックルされる選手のことなど考えようともしない「思考停止の凡人」に陥った自分の問題と正面から向き合おうとしているのだと思います。だから、「きみのせいじゃない」と言ってあげたい気持ちは私の中にもまったくないわけではないけれども、それは本当の意味で彼の救いになるのだろうか…、「思考停止の凡人」に陥る可能性は実は誰の中にもあるということを私たち一人一人が考えることこそが彼の支えにもなるのではないだろうか…、そんなことを私はずっと考えています。

絵本『わたしのせいじゃない ―せきにんについて―』が示しているように、大切なのは、「責任は誰にあるのか」ではなく、「私の責任で何ができるか」を考えることです。前者は、「悪者探し＝私は悪くないという姿勢」につながるものです。後者は、「自分にできること探し＝いじめをなくそうという姿勢」につながるものです。私たちは、後者の姿勢を持ちたいものだと思います。「先生が悪い」「親が悪い」ではなく、教師は教師として、

保護者は保護者として、何ができるのか（できたのか）を考えることを大切にしたいと思います。

2010年に、川崎市で中学3年生男子生徒の自殺事件が起きました。その3年後の2013年8月、ＮＨＫで、ご家族や同級生への取材を基にしたドキュメント「僕はなぜ止められなかったのか？ 〜いじめ自殺・元同級生の告白〜」が放映されました。亡くなった生徒さんの同級生が、「友だちの自殺を止められなかったこと」について、3年間（そしておそらくその後もずっと）苦悩し続ける姿が強く印象に残りました。彼はいじめ加害の側にいたわけではなく、亡くなった生徒さんがいちばん心を許していた友人でした。それでも彼は、「僕はなぜ止められなかったのか？」と、自らの問題として、決して荷を下ろさず、真摯に考え続けているのです。そんな姿勢を、私たち大人も持ちたいと思うのです。

（2）学校バッシングを越えて

私が2013年にロンドンへ調査にいったときに、いじめ防止に取り組んでいる非営利団体ＡＢＡ（anti-bullying alliance）の事務所も訪問してみました。そして、イギリスのいじめの実態やＡＢＡの具体的な活動について話を伺いました。そのときに、日本におけるいじめ問題が話題になり、学校の先生の責任が厳しく問われているという話をしたところ、相手の方が、少し首をかしげて、

「学校の先生が子どもをいじめるのですか？」

「どうしてそんなに先生が責められるのですか？」

と私に質問しました。改めてそう聞かれると、いじめ問題にか

かわる日本の論調の意味とその理由を伝えるのは、案外、難しいことだと感じました。

当然のことながら、学校においては、教師は児童生徒を監督し保護する責任を有しています。それはＡＢＡの方も理解していました。けれども、日本ではいじめ、特にいじめによる重大事態が発生すると、どちらかと言うと「当事者（被害者・加害者・周囲の子どもたち）の状況・問

図8　ＡＢＡのポスター

題点」よりも「学校の責任」が議論の焦点になる風潮が、どうやらＡＢＡの方は腑に落ちなかったようでした。「学校の責任」も検証すべき問題のひとつではあるけれども、「当事者の状況・問題点」を丁寧に検討し子どもたちにどう対応するかを考えることが第一義的な問題ではないかということでした。そんなやりとりの中で、私は、過剰な「学校バッシング」はかえって問題の本質がすり替わってしまう危険性があると感じました。

公益財団法人パナソニック教育財団による「こころを育む総合フォーラム」は、有識者メンバーの会議にゲストスピーカーを招いてさまざまな教育問題について話し合う「ブレックファースト・ミーティング」を定期的に開催しています。2017年2月に行われたミーティングでは、私が基調講演をさせていただきました。当日の出席者は、元文部科学大臣の遠山敦子さん、ノーベル化学賞を受賞された野依良治さん、元東京大学総

長の佐々木毅さん、小説家の平野啓一郎さんをはじめ9名の有識者の方々でした。この日、私はとても緊張してミーティングに臨みました。錚々たる顔ぶれであることもさることながら、「いったい学校はどうなっているのか」と厳しいご指摘を受けたときにどうお答えすればいいのだろうと不安を感じていたからでした。けれども、それは杞憂に終わりました。私の基調講演の後に有識者の方々からいただいたご意見・ご質問は

　・日本のいじめは、日本特有の均一性文化も関係しているのではないか。
　・都会のいじめと地方のいじめに違いはあるのか。
　・人間は誰でもいじめの芽を持っているのではないか。

などでした。これはこれで、私の考えを申し上げるのに緊張はしましたが、学校批判・教師批判はまったくなく、有識者の方々がいじめそのものの本質を考えようという観点に立ってくださっていることにとても勇気づけられました。

　こころを育む総合フォーラムの事務局が2007年に作成した『こころを育む総合フォーラムからの提言』という冊子があります。その中にはこう書かれていました。

　「『いじめ』をめぐる報道では、メディアと視聴者とが一体となって、学校への糾弾をまさに学校での『いじめ』と同じ構図でおこなっているように見えてなりません。メディアによる教師への激しい糾弾に唱和するわたしたち視聴者の立つ位置は、『いじめ』を見て見ぬふりをする級友や教師が立つ位置と、ほとんど同じです。このように学校を窮地に追いつめるやり方では、『いじめ』の問題は解決しません。」

　有識者の方々のご発言が学校や先生方へのエールのように感じられた理由がわかったように思いました。

日本ＰＴＡ全国協議会の『今すぐ！家庭でできるいじめ対策ハンドブック』には、いじめに対する保護者の責務として、

「先ずは、家庭で子どもと向き合い正しい教育を行う事が最優先です。事案にもよりますが、家庭での保護者の責務を棚上げにし、学校の責任にすることはあってはならない事です。」

と書かれています。このメッセージも、いじめへの対応について強迫的なプレッシャーを感じている学校現場の先生方に、きっと、嬉しいエールとして届くだろうと思います。ただし、このようなメッセージは、先生方からは言いにくいものです。ですので、ＰＴＡ活動の中で、学校や教師への不満・不信にとらわれすぐに学校の責任追及に走る方がおられたら、同じ保護者どうしの立場から話し合っていただきたいと思います。

最後に、誤解がないように付け加えますが、私は、保護者の方々が気になったことを学校に伝えることを控えるべきだと言っているわけではありません。ときには、学校の指導や方針について納得いかないと感じることもあるだろうと思います。我が子のことが心配で心が波立つこともあるだろうと思います。そんなときは、前にも述べましたが、遠慮せずに学校と連絡を取ってください。

私は、学校の先生方に対して、「保護者対応で留意すべき点」として、いつもこんな話をしています。

一つめは、「モンスターペアレント」などという言葉は使わないようにするということです。テレビドラマ「モンスターペアレント」が放映されたのは 2008 年なので、世間でモンスターペアレントという言葉が広まったのはその少し前からだと思います。しかし、私は 2007 ～ 2009 年度の 3 年間、大阪府教育委

員会で仕事をさせていただきましたが、当時私たちは、"理解できないモンスター"だと考える立場には立たないという意味で、モンスターペアレントという言葉は使わないように心がけていました。教師が保護者を簡単に「モンスター」と見てしまう態度、保護者が教師を簡単に「問題教師」と見てしまう態度、そんな中からは、相互の理解・敬意・信頼・協力など生まれようがないということを、教師も親も忘れてはいけないと私は考えています。

　二つめは、まずは保護者の訴えの背景にある感情を共感的に受けとめるということです。たとえば、「ウチの子がクラスになじめなくて学校に行きたがらないから、クラスを替えてくれ」と言われたときに、いきなり「年度途中でクラス替えはできません。」などと制度的な説明をする前に、「なるほど、お子さんのクラスでのようすを心配しておられるのですね。」というように、保護者のお気持ちをキャッチしましたよということを伝えるということです。私が高校の管理職を務めていたときに、保護者との関係がこじれたケースを見ていると、最初にこのような共感的な対応ができていないため、「わかってくれない…」と保護者の感情はますます高ぶり、結果的に理不尽なことをおっしゃるようになっていった場合もありました。ですので、今は学生・院生に、教師の対応が保護者を「モンスター」に仕立ててしまうこともあるのだと話しています。

　それから、グチや不満は、確かに、聞かされてあまり嬉しいものではありません。けれども、日精研心理臨床センター編(1986) の『独習 入門カウンセリング・ワークブック』には、こんなふうに書かれています。

　「私たちは大切なものを失った時に悲しみが出てくるように、

願ったことが思い通りにいかなかったときに、不満やグチが出てくるのだといえます。このように考えると、不満やグチは、クライエントが夢や願望や期待をもって進んでいこうとすることが妨げられていることの証拠なのだとはいえないでしょうか。」

ですから、保護者のグチや不満にも、夢や期待の表れであるという姿勢で耳を傾けるべきであると私は院生・学生に説明しています。

三つめは、学校として「できること」と「できないこと」をはっきりと伝えるということです。たとえば、校内で盗難が起きた場合などは、保護者の方が怒りの感情から「生徒全員の指紋をとって調べろ」というような要求をされることもあります。もちろん、そんなことはできません。けれども、「学校は警察ではないのでそんなことはできません」と「できないこと」だけを伝えるのでは、「じゃあ、学校はどうしてくれるんだ！」と保護者はますます苛立つばかりです。ですので、クラスのＨＲの時間や学年集会などを利用して生徒に盗難の問題について訴えるとか、体育の授業で空いている教室の施錠を徹底させるとともに教員が手分けして巡回するなど、学校として「できること」を伝えることが大切だということです。

以上の「モンスターと呼ばない」「感情を共感的に受けとめる」「できることを考える」という教師向けの３カ条を保護者の皆さん向けにアレンジするならば、

・問題教師だと決めつけない、問題教師と呼ばない。

・我が子以外の子どもともかかわる教師の難しさを理解する。

・保護者としてできること、やるべきことを考える。

ということになりますね。気になること、ある程度のグチや不

満も、ためらわずに学校に伝えつつ、大人として自分の感情を
しっかりとコントロールするということです。「モンスター」
を「退治」するウルトラマンは、教師と保護者の双方の対話の
姿勢だと私は思います。

5 いじめと共生

(1) 子どもは誰のもの？

　数年前に、ネット上の相談で、おもしろいものがありました。質問者は女性で、こんな内容でした。

　「姑から、『あんたは、子どもを自分のものやと思ってるんやろ？　だから、私に触らせたくないんやろ？　子どもは家族のものであり、社会のものでもあるんや』と言われました。『家族のもの』は納得できたのですが、『社会のもの』と言うのが釈然とせず、モヤモヤしています。」

　そして、相談者が選んだベストアンサーは、こんな回答でした。

　「『自分のもの』ではありませんよね。個性のある、一人の人間ですから。ご主人のことを、姑さんが『自分のもの』扱いしてたら、質問者様、どう思います？　そう考えると、『自分のもの』と思うのが間違いなのがわかると思います。『社会のもの』というのは、『もの』と表現していますが、『社会の一員』と置き換えればわかりやすいと思います。将来大人になる一個の人間としてお子さんをとらえれば、やはり『社会を構成する一員』であることはわかると思います。」

　私はとても興味深く思いました。

　学校教育だけではなく家庭教育も含めた教育に関する理念を定めた「教育基本法」の第1条には、「教育は、人格の完成を

目指し、平和で民主的な国家及び社会の形成者として必要な資質を備えた心身ともに健康な国民の育成を期して行われなければならない。」と示されています。ざっと読んだ限りは、当たり前の固い文章という印象を受けますが、私は、"人格" と "国民としての資質" が併記されている点に深い意味があると考えています。"人格" と "国民としての資質" という問題は、「自と他」「個人と集団」「住民と地域社会」「国民と国家」、そして「私と公」という問題とも関連しています。そして、併記されているということは、「両者の統合・調和の重要性」「一方に偏る考え方の危険性」を示しているのだと解釈することもできます。

たとえば、戦前と戦後の「私と公」についての考え方を比較すると、滅私奉公という言葉に象徴されるように戦前は「私＜公」であったのに対し、戦後は「私＞公」であると言えるかもしれません。そう考えると、先ほどの、ネット上の質問の「嫁と姑」の問題は、「私と公」の問題でもありますね。

（2）私と公

近年の親御さんが持っている子ども観の特徴は、キラキラネームを考えると明らかになると思います。私は講演等では、誤解のないように、「我が子の名前を決めるのは基本的には親御さんの自由・権利である」「子どもの将来・運命は名前で決まるわけではない」ということをお断りしたうえで、キラキラネームの持つ意味についてお話しすることがあります。

キラキラネームとは、昔はなかったような珍しい名前、漢字の読み方が難しい名前ですね。たとえば、命名について研究している牧野恭仁雄さん（2012）は、

万愛鈴　叶恋　富束　乃樹　空翔

などのキラキラネームを紹介しています。私は、どれも読み方
がわかりませんでしたが、皆さんはどうでしょうか。学校の先
生方も、近頃は、フリガナがないと読めない名前が多くて悪戦
苦闘しています。ちなみに、これらの名前の読み方は、

　　　まありん　かれん　ふたば　ないき　つばさ

だそうです。このような名前を選ばれた親御さんは、

　◆個性・イメージを重視

　◆他者への「わかりやすさ」より「ユニークさ」重視

　◆子どもらしい「かわいさ」を重視

という考え方に立っておられるのではないでしょうか。

　一方、昔の名前は、親や祖父母の名前から一字を受け継ぐ「通
字（とおりじ）」がよく見られました。これは、家系を重視す
る考え方と関係していたと思われます。また、南総里見八犬伝
の八犬士が持っている玉に書かれた「仁・義・礼・智・忠・信・孝・
悌」の文字も、昔は名前によく使われました。これらは、儒教
における徳性であり、命名の際に世間性・道徳性が重視された
からではないかと考えられます。

　単純化して言えば、昔は「一般的・オーソドックス・立派な
大人の名前」を重視する"公"を軸にした命名であったのに対し、
今は「個性的・ユニークさ・かわいらしい子どもの名前」を重
視する"私"を軸にした命名だとも考えられるということです。
これは、「私のかわいい子ども」という見方と、「いずれは自立
し社会の一員になっていく一個の人間」という見方の違いと捉
えることもできるでしょう。

　ユニークで珍しい"only one"の名前は、他者にとっては「読
めない」「わかりにくい」名前です。そうであるなら、"only、個性"

への過剰なこだわりは"lonely、孤独"にもつながっていると言えるかもしれません。

　中島みゆきさんの名曲『糸』（作詞：中島みゆき、作曲：中島みゆき）の歌詞の最後は

　「縦の糸はあなた　横の糸は私

　逢うべき糸に　出逢えることを

　人は　仕合わせと　呼びます」

ですが、「しあわせ」は、「幸せ」ではなく「仕合わせ」という漢字があてられています。昔は、人が他者とお互いに何かをやり合うことを「為合（しあ）う」「仕合（しあ）う」と表記したそうで、「試合」も元は「仕合」だったそうです。そうであるなら、本当の「しあわせ」とは、"わたしの物語"の中だけで完結するものではなく、"みんなの物語"とも絡みあってこそ実現できるものであるのかもしれません。

　本書のテーマであるいじめ問題に戻るならば、昨今の文化状況があまりに"公"より"私"に針が振れ過ぎて、"みんなの物語"を考える視点が乏しくなり、いろんなメンバーがいる学級の一員、多様な人々で構成された社会の一員として他者と共に生きていく「共生」の観点が揺らいでいることがいじめ問題とも関連しているのではないかと私は思っています。

　ただし、戦前の「私＜公」に対して、戦後は「私＞公」、だから戦前のような社会に戻るべきだ…、それが私の言いたいことではありません。いじめが社会問題になったのは戦後の1980年代からですが、それじゃ、それ以前や戦前はいじめがなかったのかというと、そんなことは決してありません。そのかたち（態様）は違っていても、いじめや体罰等は、戦前の学校でも、あるいは軍隊の中などでもしばしば起きていたことを忘れては

いけないと私は思います。ですから、「私と公」の葛藤に耐え切れずに極論に走るのではなく、「私と公」の狭間で考え続けることが大切だと私は考えています。

　それから、「私と公」の問題というと、政治的には、"私"重視は"左"寄りの考え方で"公"重視は"右"寄りの考え方だという見方がされ、一方が他方を攻撃するような議論がときどき見受けられますね。そのような短絡的な構図が、「私と公」の両方を大切にするということを難しくしている要因なのかもしれません。でも、私は、「私と公」の問題は、「左か右か」とは結びついていないと考えています。大切なことは、"私"にしても"公"にしても、それぞれをどのような意味として考えるのかということだと思います。

　70年代フォークの名曲であるかぐや姫（1973）の『神田川』のサビの部分の歌詞は

　「若かったあの頃　何も怖くなかった
　　ただ、あなたの優しさが怖かった」

です。当時高校生だった私は、この部分の意味を、「優しい人と巡り合い共に暮らす中で、あまりに幸せすぎて、いつかあなたの優しさが変わっていくことが怖いということを歌っているんだ。」と思い込んでいました。ところが、そうではありませんでした。

　2015年1月にNHKで放映された「団塊スタイル"神田川"にこめた青春　〜南こうせつ〜」の中で、作詞者である喜多條忠さん（1947年生まれ）は、「怖かった」の意味をこう話されました。喜多條さんは当時26歳、仕事を始め結婚もした中で、「俺の青春は一言でいうとこうだったんだよ」という総括をしたいという気持ちで、学生運動が盛んだったころに同棲していた女性の

ことを思い出しながら『神田川』を作詞したそうです。当初の
歌詞は、「若かったあの頃　何も怖くなかった」で終わってい
ました。けれども、喜多條さんは、「じゃあ、怖いものはなん
だろうな」と考えたそうです。そして、

> 「当時、学生運動に行って、僕らも時々デモ行ったりしていて、
> 命からがら、帰ってきて…、彼女がエプロンをして、カレー
> ライスのタマネギなんかを刻んで炒めたり…、その後ろ姿を
> 見て…、俺が本当に帰りたい世界は、こういう温かい幸せな
> のかなと思った。」

のだそうです。そして、喜多條さんは続けてこう話されました。

> 「俺が本当に帰りたい世界は、こういう温かい幸せなのかな
> と思った時に、逆に、それじゃあ多分いけないんだろうなと
> いうふうに思ったんですよね。だから、『ただあなたの優し
> さが怖かった』っていうのを付け加えたんですね。」

驚きました。「ただ、あなたの優しさが怖かった」というのは、
幸せな、平穏な、小市民的な"私"の日常に埋没し、"公"の
ことを考えなくなりそうで「怖かった」という意味であること
を知りました。当時の学生運動家は"左"の立場から"公"に
こだわっていたということです。喜多條さんのこの言葉を受け
て、南こうせつさん（1949 年生まれ）は、

> 「幸せな彼女との世界、このままで終わっていいんだろうか、
> そこが怖かったんだね…。喜多條さんはね…。それでいいの
> かってね…。」

と、微笑みながらコメントされました。

　"私"の幸せな世界を「多分いけない」「それでいいのか」と
問い直す感覚は、おそらく、今の時代ではあまり理解されず、
共感されないような気もします。でも、私は本当に感動しまし

157

た。司会の風吹ジュンさん（1952年生まれ）も目を潤ませていました。たとえどんなに不安で、つらくて、泣き出したい気分でも、無理をしてでも"私"に埋没してしまう在り方を拒絶し"公"を考えようとしていた若い時のこだわり、小市民的だと言われることを最大の屈辱だと感じていた若い時のこだわりが蘇りました。そして、『神田川』が、新たな意味を付与されて、改めて私の青春ソングとなりました。

ただし、"私"に埋没しないと言いながらも、私はその後、素敵な女性と巡り合い、結婚し、二人の子宝を授かり、昨年に初孫も生まれました。その"私"の家族も家庭も生活も、間違いなくかけがえのないものです。そう考えると、「私と公」は本当に難しい問題だと思います。でも、繰り返しになりますが、「両方大事」という観点を欠くと、私たちは大切なものを見失ってしまうのではないかと思います。

先に触れた日大アメリカンフットボール部の悪質タックルの問題のその後の動向で、「私と公」に関連して少し気になっていることがあります。それは「日大ブランド」という問題です。と言っても、私の関心事は、「（日大ブランドは）落ちません」と言い放った司会者の方の対応が危機管理上どうなのかというような問題ではありません。「日大ブランドなんて元からなかったじゃないか」という類の偏差値を物差しとした批判に同調する気もまったくありません。私がひっかかっているのは、ブランド云々に関する日大の学生さんたちの反応です。

今回の問題で、学生さんたちが、自分の選んだ日大、自分の過ごす日大に対する世間の厳しい目に心を痛めているであろうことはよくわかります。「就職に影響が出るのではないかと心配…」「この問題で日大ブランドに傷がつくと残念…」という

ような学生さんの声がありました。そのような気持ちもわからないわけではありません。ですが、私は、"私"の問題も大事だけれども"公"の問題をどう考えているのかを学生さんたちに聞いてみたい気がしています。"公"の問題、すなわち、アメフト部、さらには大学全体の体質や構造の問題に言及せずに、"私"の問題、すなわち自分の進路にとっての有利不利だけを臆面もなく語る在り方は、私にはどうもしっくりとこないのです。私が学生だったら、たとえ自分の進路に差し支えるかもという不安はあっても、それをそのまま口にすることはとっても恥ずかしいことだと感じ、言葉を飲み込んだろうと思います。また、"公"の視点が抜けているということだけではなく、"私"の問題についてもできればもう少し違う角度から学生さんには語って欲しいと思うのです。吉田拓郎さんの『ひらひら』(作詞：岡本おさみ)にこんな歌詞が出てきます。

　「喫茶店に行けば今日もまた

　　見出し人間の群れが　押し合い　へし合い…」

　「ラッシュ・アワーをごらんよ

　　今朝もまた　見出し人間の群れが　押し合い　へし合い…」

　"見出し"というのは、「自分の内面にあるもの」「自分自身が輝くこと」ではなく、「自分の外にあるもの」「他の光に照らされて輝くこと」という意味だと思います。学歴などの肩書に依拠した生き方ということですね。そう考えると、たとえ就職の面接で日大のイメージが話題になっても、「私は、日大という学歴ではなく、自分が日大の学生生活の中で何を考え何を身に付けてきたのかということを、自分自身のプライドの拠りどころとしています。」というように、"日大ブランド"ではなく"日大プライド"を堂々と語ってほしいと思うのです。

『ひらひら』には、

「ちょいとマッチを擦りゃあ　燃えてしまいそうな　そんな
頼りない世の中さ」

という言葉が続きます。考えてみれば、"そんな頼りない世の
中"にしてしまったのは、私たち大人なのかもしれません。で
すから、「世代の違い」「時代の違い」ということで済ませてし
まうのではなく、是非、若い学生さんたちとも一緒に、「私と
公」という難しい問題を今一度考えていきたいと私は思ってい
ます。

　いじめ問題に戻ると、もしかしたら、重松清さんの小説に登
場する子どもたちの「人を嫌いになるのもいじめなんですか？」
という問は、「大人は『私と公』の折り合いをどうつけている
のですか」という問であるのかもしれません。そういう意味で
は、「私と公」の問題を、保護者として、教師として考え続け
ることが、実はいじめ問題を考えることとも関係しているので
はないでしょうか。

（3）共生をめざして

　行政や学校は、社会問題化への対応を気にかける結果、「い
じめを起こさない」という対策的な発想に傾き、「あってはな
らない」「絶対に認められない」などの否定文のスローガンを
掲げがちです。

　しかし、社会学者の奥田均さん（1998）は、人権教育におけ
る「差別をしない・させない・許さない」のような否定文の目
標設定は、「実現できて当然」という消極的なイメージがつき

まとい、達成感が得にくく、創造的なアイデアやチャレンジ精神がわき上がりにくいと指摘しています。たとえば夫婦の人間関係を考えた場合も、「夫婦喧嘩をしない」という否定形の目標を立てると、しゃべらなければ喧嘩もないわけですから、お互いに無口になりかねません。だから、むしろ「思いはためずに伝えよう」「そんなひとときを一日に少しでもつくっていこう」という目標を立てるほうが、「夫婦関係を深める」という目的に接近することができると奥田さんは言っているのです。

　そう考えると、いじめという問題は子どもたちの人間関係の問題であるわけですから、いじめ問題への子どもたちの積極的な関わりを引き出すためには、「いじめをしない」というマイナスをなくすイメージだけではなく、「豊かにつながる」というプラスのイメージにつながる目標を提示することも大切だと思います。「禁止のメッセージから創造のメッセージへ」と発想を転換するということです。

　さらに言い換えれば、いじめを防止するために、私たち大人がなすべきことは、森田洋司先生（2010）が指摘されている現代社会の「私事化」の傾向、すなわち「人々の関心が、公共性や共同性から後退し、私生活とその中核に位置する『私』に重きを置いていく社会意識の変化の動向」を省みて、「公共」「共同」に含まれる漢字"共"の意味を改めて考えることだと思います。いじめの心理ともつながっている、現代社会の「ねたみ、そねみ、嫉妬が臆面もなくまかり通る文化」を省みて、「敬意、共鳴、称賛を柱とする文化」に仕切り直していくことだと思います。子どもの「学力」や「個性」を伸ばすしつけ・教育だけでなく、子どもの「人間関係を調整し深める力」や「他者の良いところを認める力」を伸ばすしつけ・教育を大切にすること

だと思います。要は、いじめ問題とは、単なる子どもの問題行動なのではなく、「人と人が共に生きる」ということを考える問題なのであり、私たち大人の在り方・生き方の問題でもあるということです。

さて、残りページが少なくなってきました。ひょっとしたら、本書を手にとってくださった方の当初の予想・期待を「裏切る」ような内容になったかもしれません。学力に関する本であるなら、「こうすれば学力は向上する」というような内容がイメージされるように、いじめに関する本であるなら、「こうすればいじめはなくなる」というような内容がイメージされるでしょう。でも、正直に言うと、私は当初からそんなハウツー本を書くつもりはありませんでした。というか、そもそも、そんなに簡単に学力が向上しいじめがなくなるのであれば、学力問題もいじめ問題も社会問題にはならないはずですよね。

私の大学での専門のひとつは生徒指導ですが、学生や院生には、「生徒指導には正解はない」と話しています。どの教師が行ってもうまくいく指導法などないという意味です。なぜなら、実際の指導とは、他の誰でもないX先生が他の誰でもない子どもYさんとかかわることですから、そこには否応なしにX先生の持ち味や人柄、強みも弱みも反映されますし、他の児童生徒の指導例が参考になることはあっても、やはりYさんは他の子どもとまったく同じではないYさんでしかないからです。だから、X先生にとって大事なのは、手際よく解決できるハウツーに頼るのではなく、労を惜しまずX先生自身とYさんのかかわりの意味をその都度考えていくことなのです。そして、以上のことは、親と子の関係にもあてはまるのではないかと私は思います。

「No pain, No gain」という言葉があります。一般的には「苦

労なくして、得られるものはない」などと訳されますが、教師と児童生徒、親と子どものかかわりという点で考えると、「労を惜しみ、自分に何らかの負荷がかかる（自分も傷つく）ことを避けていては、子どもとの関係性など成立しない」というような意味、「受苦的なかかわり」の大切さを示す言葉として私は解釈しています。第1章で、アンパンマンが自分の顔を差し出すことの意味を書きましたが、これも「受苦的なかかわり」ですね。

河合隼雄先生（1992b）がこんな話を書いておられます。

「学校へ行かない子どもを連れて相談にきた親が、『現在は科学が進歩して、ボタンひとつ操作するだけで人間が月まで行けるのです。うちの子どもを学校へ行かせるようなボタンはないのですか。』と言われたことがある。これだけ科学が発達しているのに、ひとりの子どもを学校へ行かせるだけの『科学的方法』はないのか、というわけである。」

もちろん、そんなボタンなどどこにもありませんし、大切なのは、この親御さんが、我が子の直面している問題を自分も引き受けて、一緒に考える（苦悩する・傷つく）ことなのだろうと思います。

逆に言えば、「受苦的ではないかかわり」とは、ハウツー・マニュアル・専門家の意見・正論などの「自分の外にあるもの」に依拠した、自分の主体が問われることのない、自分が傷つくことのないしつけ・指導ということになります。教師の「正論に依拠した指導」の問題点について、山下一夫先生（1993）は、「現実を無視した正論や生徒が実行不可能な正論を吐き、常に自分が正しくて安全な立場にいる教師の方が楽である」と指摘しています。私が勤務したある高校では、このような指導を"言い

163

置き指導"（正論だけ言い置いて『後は君の努力の問題だ』等とつきはなす指導）と呼び、そうなることを自戒する文化がありました。そんな教師を子どもは信頼しないと思います。そんな親の態度も同じでしょうね。

　だから私は、建前論や正論に陥ることを避けたかったのです。「建前と本音」「対策論と人間論」「理想と現実」「私と公」「わたしの物語とみんなの物語」の狭間にあって、その葛藤から逃れようとするのではなく、「両方大事」の姿勢で、いじめ問題を皆さんと一緒に苦悩しながら考えたいというのが私の願いでした。それが、たとえ少しではあっても皆さんに届いたのであれば、この上なく幸せに思います。

　以前に、「日本で一番きれいに星空が見える村」で有名な長野県阿智村のテレビ番組を見たことがあります。「日本で一番きれいに星空が見える村」とは、実は「日本で一番暗い村」でもありました。暗さ（影・闇）に覆われている夜があるからこそ、星は美しく、人を感動させるのでしょう。いじめとは、基本的にはあって欲しくない問題、子どもの世界の暗さ（影・闇）の問題です。けれども、その中に目を凝らして、星を見出すことができたなら、大人も子どもも、きっと心が動くに違いありません。

　今、2018年6月17日（日）、15時31分です。ようやくひとまずの「ゴール」にたどり着きました。ほぼ一月半、空いている時間はこの本の執筆に使いました。梅雨のさなかですが、鳴門は抜けるような青空が広がっています。今日は日曜日、近くの研究室も先生方は不在のようです。なので、これから、フォークギターを手に取って、周囲に気がねせずに大きな音をかき鳴らして、小鳴門海峡を眺めながら、「両方大事」を教えてくれ

るお気に入りの曲たちを歌おうと思います。そして、大切な曲たちに勇気をもらって、また明日から、鳴門教育大学いじめ防止支援機構長として、次の「ゴール」をめざします。

【参考・引用文献】（著者五十音順）

- 阿形恒秀・石神亙・中村敏子・森川敏子・山本深雪（2003）『こころと心をつなぐ学習プラン 思春期理解とこころの病』解放出版社
- 阿形恒秀（2015a）「いじめ防止対策のリアリティに関する考察 —児童期・青年期における仲間関係の重要性の観点から—」『鳴門教育大学研究紀要第30巻』
- 阿形恒秀（2015b）「いじめ防止対策の課題に関する一考察 —社会問題化への過剰対応を乗り越えて—」『鳴門教育大学学校教育学会誌第30号』
- 阿形恒秀（2016a）「夏休みの積極的意味」『月刊生徒指導2016年9月号』学事出版
- 阿形恒秀（2016b）「問題行動にどうかかわるか」『月刊生徒指導2016年12月号』学事出版
- 阿形恒秀（2017）『学校現場で役立ついじめ防止対策の要点』鳴門教育大学いじめ防止支援機構リーフレット
- 阿形恒秀（2018）「「いじめ」のサインを見極める(1) 被害者側のサイン」『月刊教職研修2018年8月号』
- 芦原すなお（1991）『青春デンデケデケデケ』河出書房新社
- 五十嵐かおる（2007）『いじめ —ひとりぼっちの戦い—』小学館
- 五木寛之（1996）『旅人よ』角川書店
- 稲垣応顕（2016）「いじめ防止に活用する指導行動の理論と実際」『平成27年度上越教育大学いじめ等予防対策支援プロジェクト事業成果報告書』上越教育大学
- 上原崇（1993）『生徒指導と子どもの人権』東信堂
- 内田良（2015）『教育という病 子どもと先生を苦しめる「教育リスク」』光文社
- 奥田均（1998）「『豊かな関係』の建設」『解放教育 No.363』解放教育研究所
- 小田嶋隆（2018）『上を向いてアルコール「元アル中」コラムニストの告白』ミシマ社
- 河合隼雄（1978）『新しい教育と文化の探求』創元社
- 河合隼雄（1987）『子どもの宇宙』岩波書店
- 河合隼雄（1992a）『子どもと学校』岩波書店
- 河合隼雄（1992b）『心理療法序説』岩波書店
- 河合隼雄・小川洋子（2011）『生きるとは、自分の物語をつくること』新潮社
- きたやまおさむ（北山修）（2016）『コブのない駱駝 —きたやまおさむ「心」の軌跡』
- 共同通信大阪社会部（2013）「大津中2いじめ自殺 学校はなぜ目を背けたのか」

PHP研究所

・国立教育政策研究所（2013）『生徒指導リーフ 10 いじめと暴力』
・国立教育政策研究所（2015）「いじめに関する研修ツール Ver.2」『生徒指導支援資料 5「いじめに備える」』
・こころを育む総合フォーラム事務局編（2007）『こころを育む総合フォーラムからの提言』
・佐野洋子（2008）『シズコさん』新潮社
・重松清（1999）「身代わり雛」『小説新潮 1999 年 3 月号』〈後に重松清（2000）『ビタミンF』新潮社に「セッちゃん」と改題し収録、その後、重松清（2011）『まゆみのマーチ 一自選短編集・女子編』新潮社にも収録。〉
・重松清（2002）「卒業ホームラン」『日曜日の夕刊』新潮社
・重松清（2005）『明日があるさ』朝日新聞社
・重松清（2007）『青い鳥』新潮社
・杉山邦博（1992）『土俵の鬼 三代』講談社
・曽野綾子（2000）「日本人へ」教育改革国民会議 第一分科会 報告書
・田上不二夫（1998）『スクールカウンセラー事例ファイル② 生活態度と習慣』福村出版
・筒井頼子・林明子（1977）『はじめてのおつかい』福音館書店
・土居健郎（1992）『新訂 方法としての面接』医学書院
・東京都教育委員会（2018）『ＳＯＳの出し方に関する教育を推進するための指導資料』
・中井久夫（1997）「いじめの政治学」『アリアドネからの糸』みすず書房
・奈良女子大学（1999）『部落問題について』
・日精研心理臨床センター編（1986）『独習 入門カウンセリング・ワークブック』金子書房
・日本ＰＴＡ全国協議会（2017）『今すぐ！家庭でできるいじめ対策ハンドブック』
・ピーター・Ｋ・スミス著、森田洋司・山下一夫総監修、葛西真記子・金綱知征監訳（2016）『学校におけるいじめ 国際的に見たその特徴と取組への戦略』学事出版
・牧野恭仁雄（2012）『子供の名前が危ない』ＫＫベストセラーズ
・三浦綾子（1988）『私の赤い手帖から〜忘れえぬ言葉』小学館
・森口朗（2007）『いじめの構造』新潮社
・森田洋司・清永賢二（1986）『いじめ 一教室の病い』金子書房
・森田洋司（2010）「『生徒指導提要』とこれからの生徒指導」日本生徒指導学会『生徒指導学研究第 9 号』学事出版

- 森田洋司（2016）「いじめ防止対策推進法制定3年目を迎えて 今、改めて問い直すべきこと」BP（いじめ防止）支援プロジェクト事務局『BPリーフレット No.1』
- 文部科学省（2008）『「ネット上のいじめ」に関する対応マニュアル・事例集（学校・教員向け）』
- 文部科学省（2009）『教師が知っておきたい子どもの自殺予防』
- 文部科学省（2010）『生徒指導提要』
- 文部科学省（2013）『いじめの防止等のための基本的な方針』
- 文部科学省（2014）『子供に伝えたい自殺予防（学校における自殺予防教育導入の手引）』
- 文部科学省（2017）『いじめの防止等のための基本的な方針』最終改定
- やなせたかし（2013）『わたしが正義について語るなら』ポプラ社
- 山下一夫（1993）「生徒指導における3つの立場と基本的態度」『鳴門教育大学研究紀要（教育科学編）第8巻』
- 山下一夫（1999）『生徒指導の知と心』日本評論社
- 吉本興行・新潮社（2012）『みんな十四歳だった！ よしもと芸人が語る、何者でもなかった「あの頃」の話』新潮社
- レイフ・クリスチャンソン（1996）『わたしのせいじゃない ―せきにんについて―』岩崎書店
- 鷲田清一（2010）『わかりやすいはわかりにくい？』筑摩書房

【本文で言及した映画】
- 大林宣彦監督（1992）『青春デンデケデケデケ』
- 中西健二監督（2008）『青い鳥』
- 宮崎駿監督（1989）『魔女の宅急便』

【本文で言及した曲】

・かぐや姫（1973）『神田川』（156 頁）
・桐谷健太（2015）『海の声』（115 頁）
・トワ・エ・モア（2008）『人生という劇場』（70 頁）
・中島みゆき（1992）『誕生』（86 頁）
　　©1992 by Yamaha Music Entertainment Holdings,Inc.
　　All Rights Reserved. International Copyright Secured.
・中島みゆき（1992）『糸』（155 頁）
　　©1992 by Yamaha Music Entertainment Holdings,Inc.
　　All Rights Reserved. International Copyright Secured.
・長渕剛（1989）『いつかの少年』（54 頁）
・吉田拓郎（1973）『ひらひら』（159 頁）
・吉田拓郎（1978）『無題』（114 頁）

■著者紹介

阿形　恒秀（あがた・つねひで）

昭和31（1956）年大阪市生まれ。京都大学文学部卒業。大阪府立高校社会科教諭・教頭・校長、大阪府教育委員会事務局首席指導主事を経て、平成23（2011）年に国立大学法人鳴門教育大学に着任。現在は、鳴門教育大学教職大学院教授、鳴門教育大学いじめ防止支援機構長。

専門は生徒指導・教育相談・人権教育等。日本生徒指導学会理事、徳島県いじめ問題対策審議会会長。いじめ等に関する第三者委員も2事案で担当。近年は、教員・保護者・児童生徒を対象に、いじめ問題・子ども理解・教職の意義等に関する講演を全国各地で行っている。

最近の主な著作に、『現代生徒指導論』（共著・学事出版）、『学校におけるいじめ 国際的に見たその特徴と取組への戦略』（共訳・学事出版）等があり、主な論文には、「いじめ防止対策のリアリティに関する考察—児童期・青年期における仲間関係の重要性の観点から—」、「教員養成段階における生徒指導の専門性養成」等がある。

◆一般社団法人 子どもの未来応援団

　未来を担う子どもたちの心身ともに健全な成長を図るため、社会教育の充実・振興を通して、子どもと大人の学びの活動を支援することを目的として設立された、社会教育団体です。

　企業、大学、公益社団法人日本PTA全国協議会等、各教育関係団体と連携・協力しながら『日本の子どもの未来が無限に広がる』ために、積極的に活動しています。

我が子のいじめに親としてどうかかわるか
―親子で考える「共に生きる意味」―

2018年10月17日　第1版第1刷発行

著	阿形　恒秀
企画・編集	一般社団法人 子どもの未来応援団
発　行　者	加藤　勝博
発　行　所	株式会社 ジアース教育新社

　〒101-0054　東京都千代田区神田錦町1-23 宗保第2ビル
　TEL：03-5282-7183　FAX：03-5282-7892
　E-mail：info@kyoikushinsha.co.jp
　URL：http//www.kyoikushinsha.co.jp/

■表紙・本文デザイン・DTP　土屋図形株式会社
■印刷・製本　三美印刷株式会社
Printed in Japan
ISBN978-4-86371-478-6
○定価はカバーに表示してあります。
○乱丁・落丁はお取替えいたします。（禁無断転載）
JASRAC 出 1810983-801
（株）ヤマハミュージックエンタテインメントホールディングス　出版許諾番号 18418 P
（許諾の対象は、弊社が許諾することのできる楽曲に限ります）